全国教育科学"十四五"规划 2021 年度教育部重点课题"基于儿童发展的幼儿园课程平衡方法及其运用研究"（课题批准号：DAA210389）之研究成果

上海市嘉定区重点课题"基于儿童发展的幼儿园课程平衡方法及其运用研究"（课题批准号：JA2133）之研究成果

上海市嘉定区一般课题"基于平衡理念的幼儿园课程治理体系研究"（课题批准号：JB23138）之研究成果

课程治理新范式丛书

杨四耕 丛书主编

骆云蕾　吴桂香◎主编

幼儿园课程平衡的九个维度

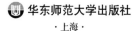

华东师范大学出版社

·上海·

图书在版编目（CIP）数据

　　幼儿园课程平衡的九个维度／骆云蕾，吴桂香主编.
上海 : 华东师范大学出版社，2024. --（课程治理新范
式丛书）. -- ISBN 978－7－5760－5063－9

　　Ⅰ．G612

　　中国国家版本馆 CIP 数据核字第 2024VW9919 号

课程治理新范式丛书

幼儿园课程平衡的九个维度

丛书主编　杨四耕
主　　编　骆云蕾　吴桂香
责任编辑　刘　佳
项目编辑　林青荻
特约审读　陈晓红
责任校对　李琳琳
装帧设计　卢晓红

出版发行　华东师范大学出版社
社　　址　上海市中山北路 3663 号　邮编 200062
网　　址　www.ecnupress.com.cn
电　　话　021－60821666　行政传真 021－62572105
客服电话　021－62865537　门市（邮购）电话 021－62869887
地　　址　上海市中山北路 3663 号华东师范大学校内先锋路口
网　　店　http://hdsdcbs.tmall.com

印 刷 者　上海市崇明县裕安印刷厂
开　　本　787 毫米×1092 毫米　1/16
印　　张　12.75
字　　数　144 千字
版　　次　2025 年 3 月第 1 版
印　　次　2025 年 3 月第 1 次
书　　号　ISBN 978－7－5760－5063－9
定　　价　46.00 元

出 版 人　王　焰

（如发现本版图书有印订质量问题，请寄回本社客服中心调换或电话 021－62865537 联系）

编　委　会

主　编：骆云蕾　吴桂香

成　员：郑　燕　朱梦佳　许赟婷　王轶晶

　　　　强　薇　刘翠霞　杜怡雯　张幼萍

丛书总序

　　当前，基础教育高质量发展面临着内部要素和外部关系协同治理不足的挑战。面对复杂多变的环境，区域课程改革要推动职能创新，全面提高治理能力。

　　从空间社会学角度看，区域是物质空间、精神空间和社会空间的合体，内含关系、权力、情感、价值等诸多空间形态。区域课程改革是以特定区域为空间，由教育主管部门统筹组织实施的，以课程改革推动区域内学校发展，促进区域教育高质量发展的关系、权力、情感和价值运作体系；协同治理是强调治理主体多元化、治理方式协作化、治理目标一致化和治理行为一体化的治理体制。因此，区域课程改革协同治理是立足特定区域范围，由区域教育主管部门组织多元治理主体，依据相关价值理念和制度规范，通过多种方式对区域课程改革进行统筹治理、达到一体化治理要求的任务组合与要素协同。

　　区域课程改革基于区域发展需求，在区域内通过政策推动、专业引领、机制保障，落实国家课程治理体制，促使区域内各校推进国家课程方案落实。从纵向来看，有利于构建多层协同治理机制，形成区域课程改革合力；从横向来看，有利于构建多元协同工作机制，形成分工合理的协同育人格局。区域课程改革是强化课程改革国家意志的重要方法，是课程治理国家体制的场域实践。为此，"课程治理新范式丛书"聚焦以下基本问题。

　　一是区域课程改革协同治理的现实问题研究。区域课程改革协同治理水平决定着区域教育质量的高低。当前，国家、地方、学校三级课程管理更多地指向三类课程设置，国家、地方、学校在课程治理中的地位、权限及逻辑关系还不够明晰。伴随着《义务教育课程方案（2022年版）》和各学科课程标准（2022年版）落地，课程改革出现理念言说对标化、形态门类丰富化、主体介入多元化、技术运用智能化之格局，但不少区域课程治理还存在着理念理解失偏、系统设计失察、方法运用失当、主体参与失律、部门协同失调、行动推进失效等问题，未能建立一体化区域课程改革治理体系和专业规范，这不仅制约着义务教育课程方案和课程标准的落地，还影响了区域教育高质量发展。

二是区域课程改革协同治理的价值定位研究。在新课程背景下，区域课程改革是国家课程改革赋权的结果，是国家主导与统筹、多级分工与协同、标准规约与多样特色相结合的课程协同治理实践。区域课程改革是强化课程治理国家体制的重要方法，是课程的政治治理与专业治理协同共进的价值定位和场域选择。构建多元协同治理体制，是区域课程改革的基本立场，是落实新时代国家课程治理体制的基本路径，是区域课程改革协同治理的价值定位。换言之，区域课程改革是在政府统筹基础上多层参与治理体系的重要环节，是彰显国家课程治理主导地位的重要场域。

三是区域课程改革协同治理的路径设计研究。区域课程改革是融合"区域—学校—教研组—教师—学生"等课程治理主体、事件和活动的系统运作过程。区域课程改革协同治理有"自上而下""自下而上""平行共治"三种基本路径。不管是哪一种治理路径都有其优缺点。取长补短、聚焦质量，是区域课程改革协同治理路径设计的实践智慧。作为区域课程改革的主要参与力量，国家、区域、学校、教师和学生是课程协同治理的在场者，政府、学校、社会和家庭共同构成了区域课程改革协同治理主体。课程治理要素的合理组合，可以形成聚焦高质量发展的区域课程改革协同治理模式。

四是区域课程改革协同治理的机制建构研究。多主体参与课程治理，包含基于统筹协调的行政主体、基于民主协商的教师主体、基于家校合作的家长主体、基于社会发展的多方主体和基于智力资源的专家主体。多主体适时、合理、有序介入课程改革，是区域课程改革协同治理的标志。在新课程背景下，聚焦教育高质量发展的区域课程改革协同治理，需要借助决策机制，建立共同协商的课程治理文化；需要完善动力机制，赋予可持续发展的课程治理动能；需要建立协同机制，建设多主体合作的课程治理架构；需要巧用监控机制，制订高质量运行的课程治理标准；需要运用迭代机制，落实转换性进阶的课程治理创新；需要设计研修机制，建立跟踪性指导的课程治理系统。

五是区域课程改革协同治理的策略凝练研究。区域课程改革协同治理可采取以德治理与依法治理协同、民主治理与集中统一治理协同、内部治理与外部治理协同、全面治理与专项治理协同、横向治理与纵向治理协同等方式。在区域课程改革治理过程中，可根据治理的问题难度、治理的主体组合、治理的过程复杂性等，采取灵活多样的协同治理策略，实现课程治理方式的优化组合与功能互补，推进教育高质量发展。

总之，区域课程改革是一种理念、路径、机制和方法，是从区域层面强化课程改革国家意志、落实课程治理国家体制的价值理念、关键路径与重要方法，对于基础教育高质量发展有重要意义。

杨四耕

2023 年 7 月 21 日于上海市教育科学研究院

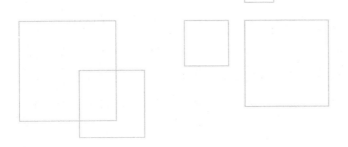

序

　　"平衡性"是一个统摄性极强的概念，它贯穿于课程内容设计、实施的整个过程之中，是任何课程设计者必须认真对待的问题。《上海市学前教育课程指南（试行稿）》明确提出："共同性课程的实施，应充分考虑课程的平衡性问题，保证各类活动的展开，……增强基本目标、内容的落实度，为幼儿的全面发展提供课程的保障。"促进课程平衡是学前教育课程改革与发展的重要关注点，也是学前教育课程研究与实践中的重点与难点。因为在学前教育课程改革与发展过程中，课程从目标、内容、结构到实施、管理、评价等都存在平衡的必要性和平衡缺失的可能性，课题组敏锐地捕捉到了这个重点与难点，不遗余力地探讨学前教育的课程平衡问题，主持的"基于儿童发展的幼儿园课程平衡方法及其运用研究"被列为全国教育科学"十四五"规划 2021 年度教育部重点课题（课题批准号 DAA210389）。课题组试图处理好各种课程要素间的关系，使课程设置更趋合理、课程实施更富成效，以达到学前教育理想的课程目标。这对丰富、深化学前教育课程理论研究，更好地指导课程改革实践具有重大意义。经过三年的不懈努力、精心研究，全体课题组成员开展了大量有益的理论探讨和实践尝试，不畏艰难，不断反思、调整、优化，如期高质量地完成了研究任务，取得了丰硕的研究成果，编写了《幼儿园课程平衡的九个维度》一书。它不仅是关于课程平衡的研究成果，给幼儿园开展课程平衡带来新的视角和创新实践，同时也显示出我国学前教育研究在国家科教兴国和人才强国战略背景下，主动服务学前教育高质量发展取得的成就，展现了幼儿园内涵发展的美好前景。

　　"课程平衡"的研究起源于 20 世纪 50 年代末 60 年代初，世界上一些主要国家，如美国、英国、日本、法国、韩国和加拿大等，出于对高质量教育的追求，在开展基础教育课程改革的过程中，对课程的平衡性给予了极大的关注。不同的学者从主体价值观出发，对课程平衡有不同的界定。彼得·奥利瓦（Peter F. Oliva）从课程开发的角度，对课程平衡性进行了理论上较为完整的总结。他认为应从课程组成要素不同的变量之间寻求平衡。这些变量是：儿童中心与学科中心课程；社会的需求与学习者个体的需求；课程的广度与深度；学习者个体的认知、情感与精神层面；个体教育与整体教育；个别教学与群体教学；时空的临近性与久远性；学校与社区；学习与游戏；各个学科之间；学科内部等。本书就幼儿园课程平衡的各要素进行了非常全面、深入的理论诠释和实践探索，具有以下特点。

第一，全面系统性和多层次性。本书阐释了课程平衡的九大要素：课程价值平衡、课程目标平衡、课程内容平衡、课程空间平衡、课程时间平衡、课程实施平衡、课程主体平衡、课程评价平衡、课程治理平衡，体现了课程平衡的全面系统性。每一类平衡中还有丰富的内涵，如课程目标平衡中包含了预设目标与生成目标、特定目标与整体目标、外在目标与内在目标之间的平衡，体现了课程平衡的多层次性。

第二，整体建构性和呈现结构性。研究过程中，根据一定的理论，预设了各类课程平衡模型，在此基础上，通过幼儿园课程平衡实现策略及其运用案例等翔实的实证数据的验证，不断优化，在循环往复中，基于每一类平衡整体性地建构了基于儿童发展的幼儿园课程平衡模型。如在第三章的"课程内容平衡的实践模型"中，课程内容平衡意味着通过有效的逻辑组织形式，使幼儿园课程内容的各要素（共同性课程与选择性活动、直接经验和间接知识、情感需求与科学依据）在学前教育课程内容知识体系的横向结构和纵向结构中充分协调，达到平衡，主次分明，各得其所。这既包括各类别内容之间（如共同性课程与选择性活动内容、直接经验和间接知识、情感需求与科学依据）的动态平衡的关系，也包括各类别内容内部基本构成要素（如共同性课程内容中所涉及的生活活动、运动、学习活动、游戏活动）比例安排的合理性等。在此基础上，构建了课程内容平衡的实践模型，为儿童量身打造时间配比合理、内容适宜、实施过程科学的平衡课程。

本书第一至第九章对课程平衡进行结构化的呈现，各由三部分组成：某方面平衡的意义、某方面平衡的实践模型、某方面平衡的基本策略。这样的阐述方式给人一以贯之的阅读愉悦感，也便于进行相互间的比较、鉴析，从而更好地把握各种平衡模型的特色和特点。

第三，理论指导性和实践操作性。本书每一章主题鲜明、重点突出，内容丰富、生动翔实、贴近实际。构建的课程平衡模型，既体现了理论的扎根，又体现了实践的提升，既有理论高度，又有实践深度，有很强的理论指导性。课程平衡模型下还有与之相匹配的基本策略，每一基本策略下都附有极具操作性、特色性的案例进行佐证，进一步加深了对平衡模型和平衡策略的理解，进而更明确了实践中的平衡应充分基于儿童的发展特点与幼儿园课程的特点，力求使课程达到完善与合理，体现着对课程平衡的追求；进而优化幼儿园的课程设置，提升幼儿园课程品质，体现了研究的创新性、突破性。对广大基层幼儿园老师而言，通过学习，也有助于老师们反思自己的课程平衡情况，进而借鉴和应用。

课程平衡并非易事，其具有相对性，"是一种趋向平衡，是一种发展平衡"，课程的平衡实际上是课程目的与课程实现过程本身的构成要素（内容、空间、时间、主体、评价等）及其相互关系的相对均衡、稳定与和谐，是一个动态发展的过程，其内容将随着社会发展而伴随出现的课程中的新问题不断充实，使课程不断完善与协调，这是一个循环往复不断发展的过程。因此，课程平衡的"达到"与"保持"只能视具体的教育情境相对而言，试图一劳永逸地建立一种平衡的课程是不现实的。因此，朝着"最有效、最理想的秩序"，即"平衡的课程"不断努力才是我们所追求的，以使学前教育课程改革处于有效、优效、高效、持效的理想状态。愿有更多的同行加入到课程平衡的研究队伍中来，共同为学前教育事业的持续、健康、有序发展贡献智慧！

上海市教科院普教所　黄娟娟
2024 年 2 月

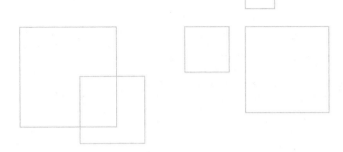

目　录

　　　　课程价值问题的处理应有平衡意识。面对现实的困境，我们需要研究学前教育课程价值平衡。学前教育课程是为了满足儿童个体和社会需求的课程。学前教育课程价值问题的本质是回答学前教育的课程是"为了谁"的问题。这一问题主要包括以下三个问题：一是学前教育的课程是为了未来还是当下？二是学前教育的课程是为了成人还是儿童？三是学前教育的课程是为了社会还是个体？课程价值平衡其实就是要厘清学前教育课程的这些问题。

　　　　课程目标对课程内容的选择、课程实施过程的展开、课程评价的推进具有指引和提示作用。课程目标平衡需要同时关注身体、情感、社交、认知和语言等多个方面。幼儿园课程目标平衡包含预设目标与生成目标、特定目标与整体目标、外在目标与内在目标之间的平衡。为了实现幼儿园课程目标平衡，可以综合采取个性协商、透视学习和故事表达等策略。

明确课程内容平衡有利于我们在逻辑上判断内容的条理性和一致性，确保幼儿园课程活动的有效性和连贯性。幼儿园课程内容平衡包含共同性课程与选择性活动、直接经验和间接知识、情感需求与科学依据之间的平衡。为了实现幼儿园课程内容平衡，可以综合采取自主生成、"移花接木"和以玩代学等策略。

儿童是空间的存在者，幼儿园课程有必要从儿童的角度优化课程空间。依据课程平衡原理，从社会空间与物理空间、伦理空间与符号空间、封闭空间与开放空间等三个角度构建课程空间平衡模型，采取串联式情景策略、链接式体验策略和运用式弹性策略，系统推进课程空间平衡。

第五章　课程时间平衡及其实现策略 / 67

　　教育的发生具有时间性，个体的生命时间是儿童教育开展的唯一尺度，个体自主意愿参与的时间是个体全面发展的前提。教育时间是学前教育课程开展的内部结构，也是开展教育实践活动的重要基石。我们从活动转换、张弛有度、疏密有度、前瞻后顾等四个维度研究课程时间平衡，让时间按照儿童生长的自然节律流淌。

第六章　课程实施平衡及其实现策略 / 87

　　课程实施平衡的意义在于保证儿童的全面发展和学习成就。当课程实施平衡时，可以充分满足儿童的学习需求和发展潜能。课程实施平衡包括思维、场域、活动和结果等方面的平衡。面对复杂的课程实施情境，需要处理好预设与生成、校园与社会、高结构与低结构、获得与建构等要素之间的关系，使其在课程实施中达到相对平衡，具体实现策略包括自组织策略、生活化策略、转换性策略和情境链策略。

课程主体平衡的意义在于实现课程效益的最优化，促进儿童的全面发展。要实现课程主体平衡需要关注成人与儿童、个体与团队、主体与客体之间的协调。课程主体平衡的实现策略包括采用主体联系策略，了解儿童需求后提供个性化资源；采用雁阵效应策略，引导主体发挥团队合作的价值；采用主体间性策略，重视儿童的主体能力与课程的客体价值。

课程评价平衡是保证儿童教育质量的重要手段之一。课程评价平衡是内部评价与外部评价的平衡、静态评价与增值评价的平衡、过程评价与结果评价的平衡以及单一评价与多元评价的平衡。课程评价平衡的实现策略包含基于自评的第三方评价、立足生长态的进步指数评价、聚焦事件的体验性评价、主导式多主体协商评价等。

课程治理平衡不仅仅是为了解决课程治理难题，更是为了构建高质量课程育人体系。通过民主治理与集中统一治理相结合、共性思维和个性行为的统整以及宏观政策制度与微观实施行动的相互转换，构建幼儿园课程治理平衡模型，推动不同育人实践主体形成共建共享的关系。根据治理过程中的问题，运用审议式课程治理策略、矩阵式课程治理策略和例会式课程治理策略，可以有效实现课程治理平衡，促进课程治理效益的提升。

幼儿园需要怎样的课程平衡

《幼儿园课程平衡的九个维度》为幼儿园课程平衡的开展提供了理论与实践指导，明确了实践中的平衡应充分基于儿童的发展特点与幼儿园课程的特点。

本书聚焦儿童发展的幼儿园课程平衡模型构建的不同维度，通过多样的协调行为和方法，实现了课程实施的合理与和谐，建构了具有理论基础和实践空间的幼儿园课程平衡模型。其中，包括课程价值平衡、课程目标平衡、课程内容平衡、课程空间平衡、课程时间平衡、课程实施平衡、课程主体平衡、课程评价平衡和课程治理平衡等九个维度。本书从理论创新性、情境适用性和实践操作性等方面予以突破，对解决幼儿园课程建设过程中的平衡问题有着积极的意义。

一、幼儿园课程平衡的研究意义

以研究幼儿园课程平衡为重点，探索幼儿园课程平衡的具体方法，从现状调研、模型建构、方法探究、案例分析及成效评估等方面，形成基于儿童发展的幼儿园课程平衡方法及其运用研究案例集。

（一）优化设置，提升幼儿园课程领导力

课程平衡方法研究有助于促进幼儿园课程领导能力的提升。幼儿园共性课程与选择性课程在儿童一日活动课程实施中的占比由上海市教委统一安排，但选择性活动的内容与时间在课程设置中不免会产生冲突。因此，通过幼儿园课程平衡方法的研究，能够优化幼儿园课程的设置，通过巧妙的课程实施方法促进儿童全面发展。

（二）扬长补短，优化幼儿园课程实施方法

课程平衡方法研究考验教师的团队协作能力和专业特长。因每个教师存在个

体差异，且受到每个教师的专业特长因素的影响，在教师的特长、爱好领域进行实践教学会取得更好的课程实施效果。因此，关于课程平衡的方法研究能够帮助不同教师提升团队协作能力、突出教学特长，并扬长补短，最大化地发挥教师特长，提升幼儿园课程实施的效果。

（三）凸显效果，满足幼儿园课程推进需求

课程平衡方法研究助力教师明晰平衡课程目标。课程平衡对教师有着较高的专业要求——实践反思力，在活动中教师既是课程实践者，又是课程反思者、倾听者，教师的角色根据不同需求而改变。立足课程平衡领域必须学习领会各项教育法规文件、教学理念，以及明晰课程目标。此外，在实施过程中，能促进教师深入观察儿童表现，反思课程实施效果，思考在一日活动的实践中如何平衡幼儿园课程主题领域，这对教师的专业度既是助推也是挑战。

（四）多元发展，促进儿童终身受益

课程平衡方法研究最终让儿童受益并获得发展。儿童时期是人生发展的关键时期。为儿童提供必要的生存、发展、受保护和参与的机会和条件，最大限度地满足儿童的发展需要，因材施教、依循规律地挖掘儿童潜能，将为儿童一生的发展奠定重要基础。研究课程平衡的方法势必让儿童体验更多元的课程形式、教师组织的活动方式和活动内容。因此，这也是促进儿童终身受益的多元发展。

二、幼儿园课程平衡模型的建构研究

基于儿童发展的幼儿园课程平衡模型构建的要素，包括课程价值的平衡、课程目标的平衡、课程内容的平衡、课程空间的平衡、课程时间的平衡、课程实施的平衡、课程主体的平衡、课程评价的平衡和课程治理的平衡九个方面。

（一）课程价值平衡模型

学前教育课程要在成人价值和儿童价值、个体价值和社会价值、内在价值和工具价值之间有所取舍，并关注它们之间的平衡。课程价值平衡以儿童的发展为本，关涉儿童的身心全面发展和终身发展。人的价值的实质在于其对社会的贡献，个人价值和社会价值，既相互区别，又密切联系、相互依存，共同构成人生价值的矛盾统一体。儿童的内在价值着重于当下的价值，儿童的工具价值着重于

未来的价值。

（二）课程目标平衡模型

学前教育课程目标平衡包含预设目标与生成目标、特定目标与整体目标、外在目标与内在目标之间的平衡。课程目标不再是对教育经验的预先具体化，而是活动经验的结果。

（三）课程内容平衡模型

针对关键要素梳理幼儿园课程内容平衡模型，促进儿童以有序向上的形态多元发展。课程内容平衡涉及共同性课程与选择性活动、直接经验和间接知识、情感需求与科学依据之间的关系的处理，给予儿童更多的空间去发挥其内在的潜力，从而让儿童在成长过程中获得更多的快乐。教育内容的选择不是单纯地完成指定的科学任务，而是应该在尊重儿童情感需求的基础上习得生活学习所需要的经验与技巧等。

（四）课程空间平衡模型

学前教育课程在园内实施的课程空间平衡主要是在社会空间与物理空间、伦理空间与符号空间、封闭空间与开放空间开展，根据儿童的年龄差异有所侧重，并关注它们之间的平衡。课程空间平衡就是确定课程空间之间的连接、架构及其平衡。在幼儿园课程实施过程中，课程空间的平衡有利于管理层重新审视对课程的领导力，有利于教师重新认识自己在课程中的作用，有利于儿童在课程中的自主发展。

（五）课程时间平衡模型

教育时间承载着教育的推进与儿童的发展，然而，随着表现性评价、质量监控和竞争的加剧，"教师教"与"儿童学"把控的失调等，一种"短、平、快"的儿童发展逻辑盛行，使学前教育中的每一个人都深陷无法赶上发展节奏的漩涡之中。有效地平衡课程时间，避免高控与浪费儿童的时间，成为学前教育工作推进的关键。在此，我们从长课时间与短课时间、张弛有度、疏密有度、"不先学"与"不后学"四个维度中，研究课程时间平衡。

（六）课程实施平衡模型

面对复杂的课程实施情境，需要处理好预设与生成、校园与社会、高结构与低结构、获得与建构这些要素及其关系，使其在课程实施中达到相对平衡。在课程实施之前，教师应当充分预设各种可能出现的情况，并充分思考和准备。选择实施场域时，需要权衡其优缺点，进而选择适宜的场域实施课程。生成可以帮助教师更好地满足儿童的学习需求，建构性活动可以逐渐增加进而提高教学效果。

（七）课程主体平衡模型

课程主体平衡是指课程资源的开发、利用和配置，以及对不同利益相关者（学生、教师、家长等）的协调和管理。在进行教育教学活动时，要充分考虑不同利益相关者的需求，协调好不同利益相关者之间的关系，以实现对学生、教师、家长等不同利益相关者的教育教学活动的优化。要实现课程主体平衡，不仅需要考虑不同利益相关者之间的利益均衡，还需要关注成人与儿童、个体与团队、主体与客体之间的协调和管理。

（八）课程评价平衡模型

课程评价平衡模型是一种用于评估课程质量的方法，它考虑了多个方面，包括儿童、教师、家长和课程本身的评价指标。由此，延伸出了"内在评价和外部评价、静态评价和增值评价、过程评价和结果评价、单一评价和多元评价"这四组评价的模型。这组模型的核心思想是要综合考虑各方面的反馈意见，以达到平衡的评价结果。这种评价方法能够保证课程设计者和教师在课程开发和授课过程中更好地了解儿童对课程的反馈和需求。

（九）课程治理平衡模型

通过幼儿园课程治理平衡方法的实践运用，梳理课程治理平衡的相关要素，并建构幼儿园课程治理平衡模型，促进共建共享的育人实践主体关系的建立，形成多元的课程治理格局，完善各级课程治理机制。课程治理平衡涉及民主治理与集中统一治理、共性思维和个性行为、宏观政策制度与微观实施行动之间关系的处理。

三、基于儿童发展的幼儿园课程平衡方法及其运用的案例研究

本研究梳理了 34 种幼儿园课程平衡方法，收集了 48 个典型案例，有计划地记录了教师、儿童在运用课程平衡方法中的表现与收获，并对其进行收集、整理、归纳、提炼。通过组织开展不同课程平衡方法的研究活动，用不断积累的理

性认识和实践经验，指导新的活动设计和开展，为幼儿园课程实施方案的调整、修订及课程实践的评价提供依据，形成一个循环体系。

（一）课程价值平衡的基本策略

为了实现学前教育课程在成人价值和儿童价值、个体价值和社会价值、内在价值和工具价值之间的平衡，教师借助儿童生活中的各种情景，因人而异，因材施教。情景生成策略根据儿童的能力发展与心理成熟度采取不同的方法，帮助儿童感知、体验，促进其社会性不断完善并奠定健全人格的基础。混龄走班策略打破固定年龄层、班级的课程实施常态，实现课程动态平衡。天性呵护策略引导儿童在游戏中探索世界、学习知识，在游戏中全面开发人际交往、自我评价、空间想象等能力。

（二）课程目标平衡的基本策略

为了实现幼儿园课程在预设目标和生成目标、特定目标和整体目标、外在目标和内在目标之间的平衡，我们尝试运用个性协商策略、透视学习策略和故事表达策略。关注教师自身教育特长，让每个班级的儿童、教师获得最优发展。克服简单的生硬说教，在整合的目标引导下，儿童相互学习，促进儿童品格和能力的健康发展。基于儿童的年龄特点，借助故事表达这一媒介，将儿童的内在体验和内心世界外化为客观的外在表达表现。

（三）课程内容平衡的基本策略

本研究在探讨、梳理实现学前教育课程在共同性课程和选择性活动、直接经验和间接知识、情感需求和科学依据之间的平衡的过程中，提出了文化熏陶策略、移花接木策略、以玩代学策略。其中，这些策略的实施旨在不偏废知识、情感态度和行为培养的任何一个方面，综合考虑儿童的认知、情感和行为发展，避免过度强调某一方面而忽视其他方面。此外，策略的运用相互通融、彼此协调，形成一个有机的整体，使各个方面的内容相互支持、相互促进。

（四）课程空间平衡的基本策略

儿童是空间的存在者，幼儿园课程有必要从儿童的角度优化课程空间。依据课程平衡原理，从社会空间与物理空间、伦理空间与符号空间、封闭空间与开放空间三个角度构建课程空间平衡模型，采取串联式情景策略、链接式体验策略和运用式弹性策略，系统性地推进课程空间平衡。

（五）课程时间平衡的基本策略

还儿童自然成长的时间，不从未来截取时间，也不落后于儿童的生命成长节奏和教育关键期，不去人为干扰时间的先后，在合适的时间做合适的事情。通过活动转换策略、张弛有度策略、自然节律策略和前瞻后顾策略的实施，科学规划时间，使教育井然有序地推进，把被规划、安排、分割的时间归还给儿童，让儿童拥有更多的自然成长时间、内在时间、反思时间，不用客观时间遮蔽主观时间，为教育的产生留出更多的延展推进的过程。

（六）课程实施平衡的基本策略

将学习者作为自主学习者，赋予他们探究和创造的权利，从而在教育实践中实现预设和生成的平衡。自主课程实施策略是让学习者自主选择学习内容、探究问题、解决问题和评估学习成果，从而更加积极地参与到学习过程中，实现课程实施平衡。生活化课程实施策略和情境链课程实施策略则是将学习与生活密切结合，利用儿童身边的日常经验和生活场景，创设情境，激发儿童兴趣，提高学习效果；利用儿童已有的知识和经验，创设情境，使学习变得更加具体和生动。转换性课程实施策略通过适当转换学习活动的结构来平衡获得和建构两种学习结果的重要性。

（七）课程主体平衡的基本策略

采用主体联系的策略了解儿童需求后提供个性化资源，引导每个主体自主发挥团队与合作的价值，重视儿童的主体能力与课程的客体价值，促进各教育主体的良性发展。雁阵效应策略以及主体间性策略是基于多方平衡的理念，充分尊重儿童的主体性，同时协调个人与团队的关系，将课程客体置于服务主体的地位。此外，将儿童视为主体，提供适当指导，个人需求与集体需求双重平衡，使课程目标变成主体需求。

（八）课程评价平衡的基本策略

课程评价旨在倡导内在评价和外部评价、静态评价和增值评价、过程评价和结果评价、单一评价和多元评价之间的平衡，通过基于自评的第三方评价、立足生长态的进步指数、聚焦事件的体验性评价以及主导式多主体协商评价，综合考虑各方面的评价平衡。让儿童能够表达自己对课程的意见和建议，提高他们的参与感和满意度，从而更积极地参与到学习过程中。此外，让管理者和实施者发现自己在过程中存在的不足之处，及时进行调整和改进。

（九）课程治理平衡的基本策略

幼儿园课程治理通过民主治理与集中统一治理相结合，共性思维和个性行为的统整，宏观政策制度与微观实施行动的相互转换，促进课程结构的调整、治理主体的组合、治理方式的创新等，从而提高治理效果。根据治理过程中的核心问题，组建课程团队和更新课程治理方式，运用矩阵式课程治理策略、审议式课程治理策略、例会式课程治理策略等灵活多样的治理方式，实现课程治理机制的创新，提升育人实践主体的课程意识，促进课程治理能力的有效提升。

四、课程平衡的实践研究成效

通过幼儿园课程平衡模型的构建和幼儿园课程平衡方法的运用研究，为幼儿园课程平衡的开展树立理论与实践指导，明确实践中的平衡应充分基于儿童的发展特点与幼儿园课程的特点。

（一）潜移默化中实现了幼儿园课程平衡引领下的儿童成长

以小、中、大三个年龄段的一个班级为例，对各年龄段儿童一学期的一日活动情况进行观察，分析课程实施中的亮点和弱势，关注个别儿童，运用基于儿童发展的幼儿园课程平衡方法分析并验证研究成效。

1. 小班儿童体现年龄特点，奠定终身学习基础

根据小班儿童的年龄特点，围绕一日活动课程实施计划，为儿童提供健康、丰富的生活和活动环境，满足他们多方面的成长需要，使儿童在快乐的小班生活中获得有益于身心发展的能力和习惯。一是在生活中养成良好的卫生习惯。100%的儿童在用餐前洗手；100%的儿童在用餐时都能不离开座位；90%的儿童用餐时能正确使用调羹；70%的儿童在老师的提醒下能做到吃饭时保持桌面和地面的整洁；80%的儿童能主动漱口。二是在运动中学习一些基本运动方法。儿童能够根据操场上的玩具材料有序地选择自己喜欢的内容并进行运动；90%的儿童为自己把流星球抛得越来越高而开心；85%的儿童能做到在人多的时候有序排队。三是在游戏中认识自我并学会相处。100%的儿童都能找到自己喜欢的朋友；90%的儿童能叫出朋友的名字，能在学习活动中体验与老师、同伴一起活动的快乐；

80%的儿童在游戏中学会了分享，愿意表扬好朋友成功的作品，愿意把自己的作品展示给大家，愿意和朋友结伴游戏。四是在学习中体验成功的快乐。95%的儿童愿意用不同的动作模仿和表现小树苗、小鸟和大树的动作；85%的儿童能在老师的引导下运用简单的线条和色彩表现春天的景象；80%的儿童尝试用撕、贴、印、刷、涂等方法表现动物的皮毛特征；70%的儿童能一页一页地翻阅图书，并学说故事中简短的对话，会使用图画和录音等方式进行记录。

2. 中班儿童关注实操体验，确保核心素养提升

中班儿童围绕幼儿园里教育教学的工作要点，结合班级实际状况，采取各种教育形式、方法，丰富儿童在活动中的操作体验，使儿童的各个方面在原有的基础上取得较大的进步。一是从共同生活、文明交往、身体健康、自理能力四个方面逐月开展相关的生活活动。通过每周说话有礼貌、互帮互助真快乐、学用筷子、我会分享在一起的快乐、危险我知道、饭菜香喷喷等活动，100%的儿童能做到文明礼貌待人；100%的儿童能自己穿脱衣服、系鞋带，90%的儿童没有挑食的坏习惯，85%的儿童在进餐时能做到光盘，儿童的自理能力明显提升。二是儿童对运动活动情有独钟，每次运动活动时情绪愉悦、精神饱满。在6号场地军事区中，儿童在两军对垒、穿越长龙隧道等运动项目中，投掷能力、钻爬能力以及身体协调性、灵活性方面都有了很大的提高。三是在游戏活动中，儿童有强烈的角色社会责任感，角色语言丰富，能再现生活各岗位上的角色人物的言行与担当。儿童自主开展了在"歌剧院、星星酒店、美容店、派出所、奶茶店、娃娃家、小医院、海洋馆、自然博物馆、银行"等场所的角色游戏。100%的儿童能积极、自信、大胆地参与游戏活动，游戏中角色身份的言行丰富，且有一定的角色社会责任感。四是主题活动引领学习。在《春天来了》主题活动中，我们注重儿童的直接感知和体验，带着儿童去大自然中领略春天，引导儿童观察各种植物的生长变化，并感受春天是一个万物生长的季节，鼓励儿童用各种方式表达自己的情感与体验。在《在动物园里》《在农场里》《春天来了》《我在马路边》《火辣辣的夏天》等七个主题活动中，让儿童在玩耍和探索中学习，认识自然、感受森林的神秘，帮助他们更好地了解周围的世界、探索自然。

3. 大班儿童显现多维互动，实现个性自主发展

经过一学期的努力，大部分儿童能够较认真地完成老师每次交给的任务，在

与同伴的合作中能够用较灵活的方式较好地与同伴游戏，遇到困难时能够采用共同商讨并解决问题的方法，班级儿童的社会交往能力也得到了较大提升。一是结合幼小衔接中习惯素养、社会技能等内容，培养大班儿童。鼓励儿童互相帮助，同时创设了星星榜墙面，将有关集体和他人服务的照片及时张贴在星星榜上，使儿童为集体、他人服务的意识逐渐增强，大部分儿童有着较强的责任心，能够积极主动地担任值日生的工作，为班级服务。二是结合班级的空间特点和儿童的运动发展水平，对室内外运动区域进行了反复调整。儿童非常喜欢参加体育活动，每天的运动时间，大家都积极投入其中，发挥自己的智慧，挖掘体育器具的不同玩法。儿童已经能够熟练掌握跑、跳、走、投掷等动作，不怕困难、面对挑战等意志品质也有所发展。三是根据幼小衔接中社会技能方面的要求，幼儿园的游戏活动更丰富精彩，儿童在上学期游戏的基础上，又有了新的进步。在与同伴一同游戏的过程中，能够与同伴一起商量创造出新颖的游戏情节。同时，在游戏的创造性上也有很大的进步。这学期能小组合作协商进行游戏，例如，在户外建构活动中，大家能在一段时间内坚持完成一个主题作品；角色游戏时，能够在与同伴协商游戏规则后分配角色。四是儿童喜欢学习新的本领，参与集体活动的积极性很高，尤其在艺术和科探活动方面，儿童都十分积极。儿童注意力集中的时间变长，探索能力提高，喜欢向老师提出自己的疑问。除了学习活动时间，在个别化学习活动中，儿童还能够将学到的本领应用到自己的活动中，积极开动脑筋。

（二）循环实践中取得了丰富的经验成果

幼儿园课程实施方案不断完善，全园教育教学工作有了愿景，有了目标。在此基础上，我园充分调动各方面的积极性，完善各主体分工负责、齐抓共管的工作机制，促进儿童全面发展。

1. 理念治校，明确改革发展方向

在学校文化理念的指引下，逐步明确办园理念，形成了儿童的培养目标紧跟区域特色活动，发挥研学活动优势。"爱嘉学子爱家乡"活动的开展，使星华幼儿园孩子们的游学足迹遍布 5 个历史遗迹、4 个博物馆、3 个社会教学基地。此外，每一次回来后围绕课程推进各种有趣的活动，例如，儿童剧、手工制作、写生活动等，教师在课程实施过程中的主人翁精神被激发，课程平衡给予儿童支持与发展的作用更凸显。一是紧扣幼小衔接要求，调整主题活动形式。"六一"开展义卖活动，活动中儿童学着记录，学着表达，学着交流，培养了书写兴趣和合作能力，也体验了"爱"的意义和价值，为适应未来小学的生活打下基础。我园的孩子也是嘉定的孩子，人生的第一个毕业典礼在嘉定孔庙举行。孩子们齐声诵读《弟子规》，学习在家、出外、待人、接物与学习上应该恪守的规范，开启人生第一步。二是紧挨儿童的世界，形成赏识评价机制。集中性评价、常态性评价和鼓励性评价的实践，引导儿童、教师与家长共同运用《儿童发展集星卡》对儿童进行正面评价。此外，各班还以"争做升旗手""明星值日生"等互动式评价方式，引发儿童关注自己和同伴的学习、生活习惯等。每个班"集星"的内容不一样，由儿童自己讨论评价内容，在互评的过程中，儿童不断修正自己的行为，体现儿童的主体地位。

2. 质量立校，确保内涵发展基础

突出问题导向，破解制约幼儿园发展的机制障碍，补齐短板，激发活力，充分调动各方面的积极性，齐抓共管，突出难点和亮点，落实改革与优化。一是聚焦课程实施，显现课程领导成效。制定和完善《星华幼儿园课程实施评价细则》和《教师操作手册》，让老师对规则"看得见""摸得着"。梳理课程资源，逐步构建课程资源库，以此提高课程实施效率。领导小组从课程实施方向到课程实践逐月计划、落实情况反馈等，每个会议都会根据不同的重点进行研讨并落实，同时根据儿童的发展情况调整课程实施方案。二是优化教研机制，提升课堂教学质量。大小教研活动突显层次，教研实效凸显。通过开展"星华优秀教研组评比"、学术节活动和教师论坛等，老师们有更多的平台进行锻炼与展示。以项目形式开展教研工作，为不同特长的教师同步搭建平台，在取长补短中促进各类教师在专业方面得到不同程度的发展。

本研究在实践中提炼出的课程平衡方法，对原有课程理论具有正面的建设性作用，同时用来验证、深化原有课程理论，并充实原有的课程理论研究，提供实践案例支撑。此外，还有利于优化幼儿园的课程设置，提升幼儿园课程品质，凸显幼儿身心和谐发展的效果。

总之，在研究过程中，从问卷调查到案例实录、个别访谈等，涉及了比较多的层面。例如：在课程治理中，实现课程治理机制的创新，增强育人实践主体的课程意识，有效提升课程治理能力。在行动研究过程中取舍最有价值的内容是我们对研究过程的一项思考，即我们的研究要不断拓宽研究面。此外，对各类相关研究的关注和分析、对各种策略的整理与提升、对策略的运用和改进等都是我们今后需努力的方向。特别是在幼儿园课程平衡要素的理解把握上，我们也要加强自身的学习，注重方法的系统性与科学性。

（上海市嘉定区星华幼儿园　骆云蕾）

第一章
课程价值平衡及其实现策略

课程价值问题的处理应有平衡意识。面对现实的困境，我们需要研究学前教育课程价值平衡。学前教育课程是为了满足儿童个体和社会需求的课程。学前教育课程价值问题的本质是回答学前教育的课程是"为了谁"的问题。这一问题主要包括以下三个问题：一是学前教育的课程是为了未来还是当下？二是学前教育的课程是为了成人还是儿童？三是学前教育的课程是为了社会还是个体？课程价值平衡其实就是要厘清学前教育课程的这些问题。

学前教育课程价值问题的本质是回答学前教育的课程是"为了谁"的问题。这一问题主要包括以下三个问题：一是学前教育的课程是为了未来还是当下？二是学前教育的课程是为了成人还是儿童？三是学前教育的课程是为了社会还是个体？对这些问题的回答有许多人不清晰、不明确。课程价值平衡其实就是要厘清学前教育课程是"为了谁"的问题。

一、课程价值平衡的意义

有学者认为，课程价值体现的是课程属性与价值主体之间的价值关系，存在着绝对性与相对性、一元性与多元性的统一，课程价值冲突的处理需要价值选择与辩护、价值转换、价值创造等。[①] 我们认为，课程价值问题的处理应有平衡意识，课程价值平衡需对"谁的知识最有价值"这个问题进行解答。面对现实的困境，我们需要研究学前教育课程价值平衡。学前教育课程是为了满足儿童个体和社会需求的课程。通过这种方式，课程本身就与社会、国家、个人（包括教师、学生和家长）之间产生了某种关联。这种教育需求往往体现在课程目标上，并透过课程实践来实现其所赋予的价值。由于种种原因，课程常常无法达到全部的教学目标，甚至还会产生一些价值上的矛盾。

从社会价值来看，内容丰富、设计合理、实施得当的学前教育课程，对培养个体幼儿、全面提高教师团队素质、推动学校和学前教育发展具有重要意义。另外，学校课程还可以通过产生社会舆论、传播思想的作用，对社会的政治观念、价值观念和行为方式产生一定的影响，从而满足社会的某种心理需求。

从个体的角度来看，课程的产生与发展，既满足了幼儿的知识需求，又满足了他们精神生活能力和道德、审美和成长的需要。由于课程目的、世界观等方面的不同，对课程价值观也有不同的认识。有些人认为，课程应该以认知为主；有

---

① 严仲连，马云鹏.论课程价值的实现与理性选择［J］.教育理论与实践，2010，30（31）：39-43.

些人则认为，课程应该是人生的预习。[①]

其实，我们认为学前教育课程价值取向具有儿童本位、动态实施、个体差异、反思评价和师幼共建等基本特征。学前教育课程价值的定位具有十分重要的理论意义和实践价值，它带来了学前教育课程观的根本改变，赋予了幼儿教师课程价值观，提升了学前课程价值，极大地提升了学前课程的有效性。

课程包含领域、时序、价值维度。价值取向是课程的核心，而课程改革成功的关键在于有健全的课程价值观。此外，功用主义与内在价值论在理论上存在分歧，而且功用主义课程价值论中还有个人本位与社会本位的对立，但它们只是从不同角度反映课程的多元价值。课程实施须坚持价值整合，才可能实现课程的多元价值。[②]

因此，课程价值需要重新被思考，根据儿童的最近发展区、需求和年龄特点，结合幼儿园发展目标，创造性地开发和整合课程，以促进儿童一日生活经验的有效增长和建构，实现儿童全面、主动、有个性的发展。

学前教育是奠基性教育，学前教育阶段是打好人生底色的关键阶段。学前教育课程对儿童的成长至关重要，只有高质量的学前教育课程，才能保证儿童的品行、知识、能力、思维等方面的发展。因此，明确学前教育课程的价值定位，对儿童个体的内在成长具有至关重要的作用。同时，学前教育是以交往和社会生活为基本内容，帮助儿童完善其社会性发展的教育，具有鲜明的社会属性和工具价值。学前教育需要以社会要求和价值观等为指导，遵循社会发展规律，创造富有社会性发展教育寓意的环境和活动，最终培育具有良好社会情感和品行优良的儿童。

课程价值平衡是指课程的价值取向与人的发展需要和社会需要相一致，既有利于社会的进步与发展，又有利于人自身的全面发展。它主要体现在教育目的与学生的年龄特点、所处环境、智力水平相适应；教育目的、社会发展需要与学生的身心发展需要相吻合；教育目的、教育内容与学生的年龄特点和身心发育程度相适应；教师教学经验与学生的认知水平及个性特点相协调。

总之，课程价值是课程属性与价值主体的价值关系，具有绝对性与相对性、一元性与多元性的统一。课程价值的实现是一项十分复杂的实践活动，主要体现

---

① 向海英.学前教育课程创生研究 [D].济南：山东师范大学，2012.
② 黄向阳.论课程改革实施中的价值整合 [J].南京社会科学，2010，277 (11)：120－127.

在价值选择和辩护、价值转换、价值创造等方面。在现实生活中，课程价值冲突是有其合理性的，必须予以合理处理。

二、课程价值平衡模型

学前教育课程要在成人价值和儿童价值、个体价值和社会价值、内在价值和工具价值之间有所取舍，并关注它们之间的平衡。课程价值平衡就是确定课程若干价值或目标之间的选择及其平衡。因此，学前教育课程价值平衡可以总结为成人价值与儿童价值的平衡、个人价值与社会价值的平衡以及内在价值与工具价值的平衡。（见图1-1）

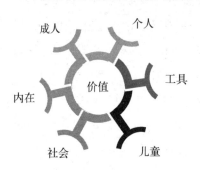

图1-1　课程价值平衡模型图

左图中，三类课程价值平衡的具体内涵如下。

（一）成人价值与儿童价值

起初，一期课改前存在重"成人"轻"儿童"的教育误区。20世纪50年代，我国课程因学习苏联模式，所有课程都是必修课程，以教师为中心，强调学科逻辑而不是儿童逻辑，教学计划片面强调统一要求、统一标准，形成了单一化的课程结构。到了60年代，高中阶段的课程开始有适当弹性，允许开设选修课。80年代之后，我国课程的灵活性得到进一步扩大，课程改革开始走向多元化。尤其是二期课改后，学前教育主张以幼儿为本，以幼儿的发展为本，照顾到幼儿的身心全面发展，提出了"一切为了孩子"的课程理念，并从课程目标、课程内容、课程结构、课程实施、课程评价和课程管理等方面提出了基础教育课程改革的六大目标，"儿童立场"的课程改革取向逐步得以确立。（见图1-2）

图1-2　成人价值与儿童价值平衡图

（二）个人价值与社会价值

许多一线教师在课程的设计、实施中倾向于预设儿童的发展目标，并付出相当大的努力试图教授儿童尽可能多的知识技能。卢梭在《爱弥儿》一书的开篇中就指出："出自造物主之手全都是好的，而一到了人的手里全都变坏了。"① 他认为，人生来是自由的、平等的，在自然状态下，人人享有这种天赋的权利，要通过自然教育来培养真正自由平等的"自然人"。他认为教育的目标应当在"自然人"和"社会人"（公民）之间进行选择，"自然人"完全是为他自己而生活的，是自由和自主的人；而"社会人"的价值在于他与总体社会的关系，公民之间具有等级性和职业化，常常因囿于权威和职业而失去了自由。这显示了教育者在预设教育价值与自然的教育目标定位上的纠结与冲突。

个人本位论者认为课程的价值是指向个人的。例如，彼得斯认为课程价值作为一种理论活动本身固有的属性，其价值当然是指向参与者个人的；致力于"人性完善、心智自由"的博雅知识观，其价值取向也带有鲜明的人本主义。当然，在个人取向者中，也不乏"工具论者"。这些人认为课程的工具价值是对个人而言的，课程是个人达到某种目的或实现某种需要的手段。这恰恰与持社会取向的论点相反。

在社会本位论者看来，课程的价值是对于整个社会而言的：课程的工具性就是课程的社会性，课程的价值标准是社会标准，课程的伦理原则是揭示社会现实生活的情景和社会进步的方式。

人的价值的实质在于其对社会的贡献，个人价值和社会价值，既相互区别，又密切联系、相互依存，共同构成人生价值的矛盾统一体。一方面，人的个人价值是个体生存和发展的必要条件。另一方面，人的社会价值是实现自我价值的基础。（见图 1-3）

图 1-3　个人价值与社会价值平衡图

（三）内在价值与工具价值

儿童的内在价值着重于当下的价值，是指将儿童作为目的时，儿童自身所具有的价值。在卢梭看来，所谓的内在价值，就是把童年当作"童年"，把这个孩子当作"这个孩子"，把爱弥儿当作"爱弥儿"。康德认为，"本质价值"就是儿童自身

---

① 杨帆. 从《爱弥儿》探究卢梭的教育思想［J］. 内蒙古师范大学学报（教育科学版），2007，107（S1）：18-20.

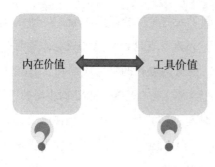

图1-4 内在价值与工具价值平衡图

所具有的"目标"的价值。杜威认为，内在价值是一种超越一切情境、具有普遍性的"绝对价值"；它没有可比性，只有尊重和感激；这是一件"无价之宝"。

儿童的工具价值则是着重于未来的价值。"工具价值"是指周围环境，以及社会对儿童未来价值的需求。工具价值具有情境性、流动性、可变性和可比性，因此，它也可以被称为"情境价值"和"比较价值"。（见图1-4）

总之，儿童的内在价值与工具价值应当形成互动空间，重视当下儿童作为自然人的价值与未来作为社会人的价值，并构建有效衔接，使之形成相互补充的关系，从而推动两者的共同发展、相互促进，实现儿童身心全面和谐成长，也为促进社会稳定提供保障。

三、课程价值平衡策略

为了实现学前教育课程在成人价值和儿童价值、个体价值和社会价值、内在价值和工具价值之间的平衡，我们梳理了一些具体的做法。下面，我们将从课程价值平衡策略的角度对这些做法进行梳理。

（一）情景生成策略：在成人价值和儿童价值之间

游戏是"教师预设"还是"幼儿生成"？这两个概念的提出，其基本价值就是凸显了教师对于儿童生成性活动的重视。这是由于我们长期以来都是由教师来设计和组织预设性的活动，忽略了对儿童生成性活动的关注。"教师预设""幼儿生成"等概念的提出是区别于以往以"教师主导"的"预设"教学模式的一种尝试。情景生成法是指借助幼儿生活中的各种情景，因人而异，因材施教。具体则是指根据幼儿的能力发展与心理成熟度采取不同的方法，帮助幼儿感知体验，促进其社会性不断完善并奠定健全人格的基础。

幼儿生活中的各种情景，可以帮助幼儿感知体验。但必须注意的是，幼儿在生活中感知体验的东西往往是一些非常细小、碎片化的事物，所以要帮助幼儿进行整体感知。具体操作方式为：在日常生活中，教师引导幼儿接触不同类型、不同性质的事物，如"做游戏""玩水"等，在这些活动中教师要与幼儿一起进行观察和分析，然后将他们带入到一定的情景中。如"做游戏"是孩子们喜欢玩的活动，那么教师可以选择一种适合孩子们玩的游戏来实施教育。在选择游戏时，教师首先要考虑这是不是孩子们感兴趣的游戏，有没有他们可能会去尝试的因素。课程的目标是为了适应幼儿的身心发展特点而制定的，是由教师和幼儿共同商议制定的，并不是教师单方面决定的，它具有鲜明的主体性和互动性。教师必须站在幼儿的立场上看待课程，从幼儿的角度去思考。

―――――――― ［案例 1-1］　散步做什么？ ――――――――

　　当天天气很好，小花园风景宜人，阳光浮动，白云飘飘，微风习习。小朋友们在老师的带领下排着队伍慢慢悠悠地行走着，有的在与其他班级的孩子打招呼，有的在与同伴三三两两地聊着天，有的则抬起头环顾着四周的风景……走到小花园时，有一个男孩望着老师，好像在暗示："好想去小花园啊"。但他似乎经历了一番内心的挣扎，迈出了几步，走向小花园后又退了回来。去还是不去？选择自己特别想去的小花园还是跟从老师的"散步"？男孩抬头观察着老师的表情。终于，在老师的默许下，孩子们如同放出鸟笼的小鸟般一拥而上。有的迫不及待地跺着脚，有的抛起地上的树叶……从孩子们的行为可以看出他们欣喜若狂。

　　孩子们对小花园充满着好奇与向往。进入小花园后，他们一会挖挖土，一会闻闻花香，一会逛逛小花园，有的孩子还在探索着怎么给植物浇水、施肥。过了没多久，老师请小朋友们排队，继续去散步。但这次的排队比以前花费的时间都要长，部分孩子依依不舍，一步三回头。在排队离开小花园时个别孩子还仍在捡地上的树叶。

　　情况分析：

　　1. 教师高控。散步活动可以说是幼儿园一日生活中最惬意、自然、宽松的活动。那为什么孩子们从一开始的兴奋快乐、在散步中拥抱自然变成了后面的"乖乖听话"、一个接一个排队走呢？老师虽然组织了散步活动，但因为心怀安全的顾虑，一直在强调秩序，在散步活动中练习"排队"，忽略了散步的初心。此外，可以将现下常见的散步活动归纳成三种情况：（1）"可走可不走"。餐后散步无关紧要，可散可不散。（2）"随便走一走"。带着孩子在场地上自由地奔跑，没有目标。（3）"不能随便走"。教师高控状态下的散步。

2. 尊重幼儿发展规律。作为幼儿的支持者、课程的实施者，我们需要尊重幼儿的生长发育规律，针对不同年龄段幼儿的发展特点，创设良好的散步环境，丰富散步活动的组织形式，让幼儿在轻松、愉悦的氛围中获得有益于身心发展的经验，从而发挥幼儿园散步活动的教育价值。

方法措施：

1. 散步形式源于幼儿生活。幼儿显示出了对自然的极强探索欲，教师不妨在散步时给予幼儿充分的时间与空间去亲近自然、探索自然，而不是要求幼儿死板地跟着老师走。幼儿的年龄特点决定了贴近幼儿兴趣的方式是最适宜的。

2. 散步内容蕴含教育价值。"散步做什么？"来源于生活，又不完全等同于幼儿生活。它需要经过教育的加工，通过教师的提炼深化，帮助幼儿借由生活将经验理解、内化、迁移、应用。如：散步时，教师可以放手让孩子们利用所处环境中的物体进行探究，如不同的树、地上掉下的果实、树叶、天空中偶然飞过的飞机、小菜园、小小的蚯蚓等。仔细观察，幼儿园的每一处都可能隐藏着一个关于科学、艺术的元素，何不大胆地让偶然变成机会。

3. 散步分享迁移幼儿经验。幼儿在自主探索之后，可以就地分享交流，说说散步时的感受。教师可以鼓励幼儿散步结束后用图画的方式表现与表达自己的散步计划与感受，将幼儿自主生成的事件转化为幼儿喜欢的生活化、项目化课程；同时，将个体幼儿的学习经验转化为集体经验，迁移给集体，实现以小见大。

当然，我们也可以根据幼儿不同的年龄特点，调整散步的形式。小班幼儿对老师的依恋较强，可以创设"鸡妈妈带小鸡"等情境进行引导；中班幼儿同伴间的互动增多，老师可以发起同伴间的游戏；大班幼儿自由探索的渴望日益增强，有很强的求知欲，老师可以引导大班幼儿进行自主探究。

（二）混龄走班策略：在个体价值和社会价值之间

混龄走班法是指通过打破固定年龄层、班级的课程实施常态，实现课程动态平衡。具体是指为幼儿营造一个动态的社会环境，也为幼儿提供可供选择的活动空间，拓展幼儿的活动范围，使幼儿感受到自己在不同环境下，与不同玩伴及不同材料的互动，帮助幼儿养成习惯和发展能力。我们运用混龄走班策略，致力于实现个体价值和社会价值的课程平衡。

区域游戏是学前儿童学习的主要途径，它是指幼儿在游戏时间，在活动室划分的各个区域内自由、自主地选择游戏材料和玩法的一种游戏活动。幼儿在区域游戏中通过与材料、环境、同伴对话，在亲身体验、动手操作中获得经验的建构，从而学会独立思考、分享合作，特别是社会性发展得到推动。"走班游戏"是在区域游戏的基础上发展起来的——把整个幼儿园的各个班级划分为不同功能的区域，让不同年龄段的幼儿走出自己的班级，幼儿可以根据自己的意愿，自由选择去任何一个区域进行游戏活动。

秉承星华幼儿园"传承教化之风，熔铸品质教育"的教育理念，进一步传承"让每一个幼儿都成为闪耀的星"的理念，并逐步完善内涵诠释，从儿童的角度去调整活动室理念，发挥活动室的引领作用，丰富课程内容。

1. 场地的规划要充分考虑幼儿的年龄特点

学前幼儿年龄特殊，每一个年龄阶段都有其固有的发展特点。因此，幼儿园在为幼儿进行专用活动室配置的过程中，也需要充分考虑到他们的年龄发展特点，有效提升幼儿园活动室配置的针对性。同时，要能够根据幼儿在专用活动室活动过程中的需要，合理配置安全、卫生设备。

2. 活动内容要充分兼顾幼儿的个性化发展和社会性发展

幼儿在专用活动室活动的过程中，虽然活动内容相对固定而且单一，但从另外的一个角度来讲，活动内容并非一成不变的，也并非千篇一律的。幼儿园教师带领幼儿在专用活动室活动的过程中，要充分考虑本园的文化特点以及周边环境的特点，合理应用园所环境内部的人文因素，在充分考虑幼儿现实生活情况的基础上，对专用活动室的活动内容进行合理、有效的创新。幼儿教师在为幼儿进行活动设计的过程中，一方面要充分考虑幼儿现有的活动能力，另一方面也需要考虑到幼儿的活动经验，促使幼儿能够利用自己已有的能力和已有的经验来创造性地应用专用活动室进行活动。

在专用活动室，幼儿通过与同伴之间的相互碰撞，加深相互之间的了解，进而实现相互学习，使生生互动在发展的过程中能够真正做到相互促进，而专用活动室活动的开展也有效促进了幼儿社会性的发展。

───────────── [案例 1-2] 你搭的是什么？ ─────────────

三位幼儿进入了星"匠"坊，一开始，他们各自选择了自己喜欢的积木，占据了一个位置，开始独自拼搭。浩浩先选择了长方体的积木，并将积木横着放在桌子上。接着，他又去拿了一块拱形的积木。很快，他将半圆形的积木也堆在了拱形积木上，并高兴地对旁边的琪琪说："琪琪，你看，我的房子造好了。"琪琪低头忙活着自己手里的积木，没有理他。浩浩又对着远一点的佳佳喊道："佳佳，你看看我的房子。"佳佳问："你搭的是什么房子呢？"浩浩说："是超市。"佳佳看了一眼后，就走开了。一旁的琪琪低着头，手里拿着圆形插塑的积木，并将两块积木插起来。浩浩问道："你搭的是什么？"琪琪大声说："我搭的是大汽车！"浩浩看了一眼后，什么也没说，走开了。

情况分析：

1. 缺乏建构经验。孩子们在活动中的状态体现出他们的建构经验是很缺乏的，起初他们并不了解这些积木该如何组合、拼搭，只是根据自己的已有经验在玩，并没有在区域活动中学到什么。

2. 缺少交流。孩子们之间没有有效的交流，也没有合作。虽然有说话，但基本还是各自游戏，不理解其他伙伴的想法。

整个区域的环境创设给予幼儿的拼搭启发也不多，幼儿完全根据自己的已有经验在尝试建构。

方法措施：

1. 帮助幼儿积累建构经验。引导幼儿欣赏大班哥哥姐姐的建构作品，观看欣赏上海著名的建筑，观察建筑物的基本特点，学习简单的建构方法。

2. 引导幼儿学习合作。在个别化学习及讲评过程中强调团队的力量，鼓励小朋友以团队的形式计划并搭建建筑物。

（三）天性呵护策略：在内在价值和工具价值之间

不少家长与教育者常在让幼儿度过"快乐童年"与成绩"名列前茅"上犹豫

不决，难以找到平衡点。不少家长早在学前阶段就开始教授幼儿识字、拼音、数学等小学认知类知识。

随着"双减"政策的颁布，教育部要求有效减轻义务教育阶段学生过重作业负担和校外培训负担。学前教育阶段，也严禁幼儿园"小学化"倾向。幼儿教育的"小学化"，侧重于"灌输"给幼儿知识，而忽略了幼儿在游戏中的主动探索，忽略了他们多方面的能力发展，如语言、数学、空间想象力、初步的音乐鉴赏、身体各部位的运动、自然观察、人际关系、自我评价等。

需要明确的是：幼儿园与小学分别是针对不同发展阶段儿童的教育，两者有不同的任务，存在着质的差异。幼儿园的教育是为小学的教育做准备的，但幼儿园的教育并不是小学的教育。幼儿教师和家长都必须遵循幼儿的心理发展规律，尊重他们"爱玩"的天性，引导他们在游戏中探索世界、学习知识，在游戏中全面开发人际交往、自我评价、空间想象等能力。

—————————— ［案例1-3］　　小鱼躲猫猫 ——————————

幼儿兴趣和年龄特点是师幼互动的重要前提，教师和幼儿双向人际交流的过程是幼儿教育领域教学的核心要素。它分为教师发起和幼儿发起两类，对课堂氛围、各方交往、幼儿创造性思维、幼儿自信的个性养成具有重要的意义。为提高幼儿教育领域教学中的师幼互动水平，要以"尊重"把握幼儿的主体性，使师幼互动有深度；以"细微"体贴幼儿的敏感，使师幼互动充满温度；以"开放"理解幼儿的体验和感受，使师幼互动有效。以往在阅读活动中我们常常会发现很多孩子对画面的观察仅仅停留几秒钟就匆匆而过，无法沉下心来观察画面。分析原因可能是因为小班的孩子天性爱动，有意注意时间比较短。因此，静态的、纯粹机械的观察会让孩子失去兴趣。注意力的培养是一个抽象的概念，借助有情节的绘本，让孩子在情境中通过搜索小鱼的踪迹，发现小鱼，抓住小鱼。在玩中发展孩子的观察能力，体现"玩中学"的理念。

活动目标：

1. 仔细观察图片，能在不同画面中找到小鱼，并愿意大胆、响亮地说说自己的发现。

2. 感受小鱼的有趣经历，体验交往的快乐。

实录：

一、激趣——了解小鱼的外形特征，萌发找小鱼的兴趣（预设：3分钟）

1. 导入：你们看，这位朋友是谁？它生活在哪里？

幼：小鱼；小鱼生活在水里。

2. 关键提问：小鱼真可爱，看看小鱼长什么样呢。

小结：是啊，你们看，小鱼长着圆圆的身体，弯弯的尾巴，黑黑的眼珠，白白的眼圈，身上还穿着红衣裳。小鱼来和你们做朋友啦！（和小朋友亲密接触。辅助儿歌：吱溜吱溜，小鱼找朋友；吱溜吱溜，亲亲你的……）

二、捉迷藏——观察图片，辨识小鱼与周围物体的不同（预设：3分钟）

1. 过渡语：小鱼找到这么多朋友，有朋友真是一件快乐的事！小鱼想如果和好朋友一起玩躲猫猫的游戏会更开心，小鱼躲起来了，你们来找它。（辅助儿歌：吱溜吱溜，小鱼逃走了；吱溜吱溜，小鱼躲起来了）

2. 关键提问：小鱼躲在哪里？（出示幻灯片：窗帘页和糖果页）

幼：窗帘上；糖果罐里。

小结：原来，调皮的小鱼躲在了和它身体颜色一样的窗帘点点上；还躲在了和它形状很像的糖果下面。

3. 师：快来找一找，小鱼藏到哪儿去了？

幼儿寻找小鱼。

关键提问：你还记得小鱼刚才去过哪些地方吗？小鱼躲在哪里了？

追问：那你们是怎么发现小鱼的啊？

回应：是啊，你发现了小鱼的眼睛、尾巴和点点、糖果不一样。你的小眼睛真亮！

小结：哇，小朋友们真聪明，你们找到了小鱼身上很特别的地方。小鱼有圆圆的身体、弯弯的尾巴、黑黑的眼珠、白白的眼圈，身上还穿着红衣裳。

4. 关键提问：这里有这么多小鱼，我们要找的小鱼到底在哪里呢？你是怎么发现它的？

小结：找到了小鱼的黑眼珠、白眼圈和大嘴巴，我们就可以找到小鱼。

总结感悟：

本次活动的重点在于从各种复杂的周围环境中辨识出小鱼，从而发展孩子的观察能力。通过观察图片，让孩子通过亲身体验，感知找小鱼的过程和方法，对小鱼躲猫猫的游戏产生兴趣，并在老师的引导下尝试用语言表达小鱼躲藏的位置；通过3页的连续观察，提高孩子的观察能力，让孩子能从整体环境中辨识出小鱼，观察的范围也呈现出由整体到局部的过渡；在观察过程中自主尝试用语言表达小鱼的局部外形特征和躲藏位置；通过变异的木头人游戏让孩子模仿小鱼躲藏时一动也不动的样子，从而感受小鱼躲猫猫时的状态，提升绘本与幼儿的互动性；从小鱼身体的整体观察到小鱼身体的局部。细微比较和观察对小班孩子来说是一个飞跃点，通过在众多相似小鱼中寻找目标小鱼来发展辨析的能力。

通过本次探索，我对呵护幼儿天性又有了崭新的认识：

1. 以"尊重"守护幼儿的主体性，使师幼互动有深度

幼儿的主体性体现在通过自己的主动建构、积极参与，表达自己的感受、体验，自主探索以及与教师的相互交流、相互影响、相互作用来获得发展。

2. 以"细微"体贴幼儿的敏感，使师幼互动有温度

幼儿正处于各方面迅速发展的时期，内心既敏感又脆弱。所以，教师要像对待果实上的粉霜一样，轻手轻脚地呵护幼儿的心灵，一定要避免用力不当造成对幼儿的无端干扰。北京师范大学朱旭东老师说过这样一句话："教育的美妙境界——有心而无痕。"有心而无痕的教育很多时候与教师的学历、地位没有关系，只与教师是否读懂童心有关。"只要教育者能够真真切切地感悟童心，就能与被教育者建立一条心灵的通道，彼此心心相印、息息相通，从而形成一种氛围、一种气息，一旦产生了好的氛围，教育就会进入良性循环了。"在领域教学中，唯有读懂童心，用"润物细无声"的轻柔和细腻体贴童心，方能达成有温度的师幼互动，实现教育的自然无痕。

3. 以"开放"包容幼儿的体验和感受，使师幼互动有效

犹如每一片不同的树叶，每一个孩子也是不一样的。有的笨手笨脚，有的聪明伶俐；有的内向寡言，有的外向善言；有的善于思考，有的行动力强。正是这些不一样的性格造就了丰富多彩的世界。教师要用开放、通融的心态去接纳性格不一的幼儿，要用宽容仁爱之心去接纳不足，用友好、善意去和解敌意，用理解对待幼儿的不同体验和感受。幼儿教师这种"开放"的心态，能够快速打开教师与幼儿之间的沟通大门，达到情感的连接，使幼儿处在放松、自由、允许犯错的

心理状态中。只有在这种互相信赖、彼此接纳的情感基础上，才能建立起有效的师幼互动，最终实现领域教学的目的。

总之，课程价值平衡问题实质上是在回答学前教育课程是为了谁的问题。

学前教育课程价值研究需要在"实现成人价值"还是"实现儿童价值"，"个体价值"还是"社会价值"，"内在价值"还是"工具价值"几个维度上进行深入探讨，通过情景生成策略、混龄走班策略、天性呵护策略等方法进行平衡取舍。在课程实施的过程中，教师应以正确的价值观为指导，根据课程目标、教材内容、学生实际和教学条件，积极整合课程价值，采取灵活多样的教学方法，使课程实施过程成为教师与学生互动、交流与沟通的过程，真正实现课程的价值。

（上海市嘉定区星华幼儿园　朱梦佳）

第二章

课程目标平衡及其实现策略

课程目标对课程内容的选择、课程实施过程的展开、课程评价的推进具有指引和提示作用。课程目标平衡需要同时关注身体、情感、社交、认知和语言等多个方面。幼儿园课程目标平衡包含预设目标与生成目标、特定目标与整体目标、外在目标与内在目标之间的平衡。为了实现幼儿园课程目标平衡，可以综合采取个性协商、透视学习和故事表达等策略。

教育是一种价值活动，教育之于社会，是被动地适应，还是主动地超越，这取决于什么样的教育和培养什么样的人。① 教育目的是一个教育体系中所有课程都必须明确规定的共同价值聚焦，也就是说，教育目的是教育者要去努力达到或者实现的教育价值焦点。可以说，人们在教育活动中所表现出来的教育行为以及教育者和受教育者所能达成的具体结果就是课程目标。对课程开发而言，课程目标的确定是课程设计的首要环节，是某种教育价值在课程范畴指向内的明确且具体的呈现。因此，每一个课程目标都有其自身的价值定位，对课程内容的选择、课程实施过程的展开、课程评价的推进具有指引和提示作用。只有对课程目标进行了合理的定位，才能更科学地推进课程的开发。

一、课程目标平衡的意义

杭州师范大学吴玉平教授认为：课程目标平衡性是指课程目标暂时达到或保持的"平衡"在新的压力与需求下不断地被再确定，是课程目标设计与实施之间的构成要素及其相互关系动态发展的一种衡量尺度。这里的平衡"是一种趋向和发展的平衡"，当某种新的个体需求或社会需求出现时，原有的平衡就会被打破而逐渐被新的平衡所代替。②

我们认为，课程目标平衡是指幼儿园在实施教育活动时，需要同时关注多个方面，包括身体、情感、社交、认知和语言等方面。为了实现这些目标的平衡，幼儿园需要设计多样化的教育活动，包括身体活动、游戏、音乐活动、艺术活动和语言活动等，以激发儿童的兴趣和积极性。课程目标平衡是指在一门课程中，儿童需要同时发展多个方面的能力，包括知识、技能、情感、态度和价值观等。因此，幼儿园还需要根据儿童的实际情况和需求，不断调整和优化教育目标和教学内容，确保儿童的全面发展。

---

① 冯建军. 教育目的：一种视角的转换［J］. 教育发展研究，1999（6）：22－26.

② 吴玉平，张伟平. 国外中小学课程目标平衡性研究［J］. 现代教育论丛，2014，197（3）：78－82.

幼儿园课程目标平衡的意义在于确保儿童在幼儿园教育中获得全面的发展，避免单一目标导向导致的片面发展。通过平衡课程目标，儿童可以获得以下好处：一是儿童可以获得平衡发展。具体而言，儿童可以获得身体、情感、社交、认知和语言等方面的平衡发展，有助于形成全面的人格。二是提高儿童综合素质。具体而言，儿童可以更好地提高自己的综合素质，不仅掌握基本的生活技能，还可以提高解决问题的能力、沟通协作能力、创造能力等。三是增强儿童的学习兴趣。平衡课程目标可以让儿童对学习过程保持兴趣和新鲜感，避免单一目标导向导致的厌学情绪和疲劳感。四是让儿童适应未来社会。平衡课程目标可以让儿童更好地适应未来社会，不仅具备知识和技能，还可以养成良好的情感态度和价值观，并更好地适应未来的挑战和机遇。因此，平衡幼儿园课程目标对于儿童的全面发展和未来的成功具有重要意义。

二、课程目标平衡模型

有学者认为，课程目标平衡力求在社会需求与个体需求之间以及各种社会需求与各种儿童个体需求内部中保持平衡。从国外中小学课程的发展来看，课程目标的平衡主要体现于社会需求与个体需求之间的平衡，以及各种社会需求与各种儿童个体需求内部的平衡。[①] 我们认为，学前教育课程目标平衡包含预设目标与生成目标、特定目标与整体目标、外在目标与内在目标之间的平衡。（见图2-1）

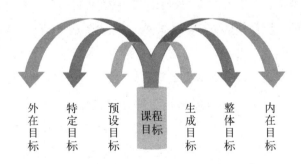

外在目标　特定目标　预设目标　课程目标　生成目标　整体目标　内在目标

图2-1　课程目标平衡模型图

---

① 周玲.国外中小学课程目标平衡性研究 [J].教育导刊, 2014（5）: 35-38.

上图中，三类课程目标平衡的具体内涵如下。

（一）预设目标与生成目标

预设目标是指在课程方案中事先设定好的目标，它清楚地指明了儿童在进行一次或多次的学习之后，应该学会的一些特定的技能和知识。这一概念往往来自已存在的文化结果。对于大多数人来说，"预设目标"都是相同的。生成目标是指在教学情境中，伴随着教学活动的展开，由教学活动本身所产生的以推动活动进一步发展为目的的课程目标。如果说"预设目标"作为一种事先设定好的课程指南，那"生成目标"则是一种教学情境下出现的产品，是儿童对体验价值成长的"方向感"。（见图2-2）

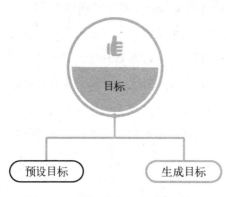

图2-2 预设目标与生成目标平衡图

当前，学前教育领域内的学者更多开始认为课程目标不再是对教育经验的预先具体化，而应该是活动经验的结果。教育是儿童经验的不断转化，是儿童的生活和成长，而经验的转化本身也就构成了教育的目标，只有在教育过程中融入教育目标，才能真正地促进儿童成长。

（二）特定目标与整体目标

特定目标是指某一领域的课程和教学过程结束后，在儿童身上发生的行为变化，以特定的、可操作的目标陈述的单一领域的课程目标。特定目标的基本特征是目标的精确性、目标的具体化、目标的可操作性。特定的目标是随着课程研究领域的独立而出现并逐渐发展完善的，在课程领域中，这一目标导向曾一度居于支配地位。由于"特定目标"具有精确性、具体化和可操作性的特点，教师对其教学任务清楚、明了，这就便于教师有效控制教学过程。因此，特定目标在课程领域科学化的历程中做出了巨大的贡献。整体目标所体现的是课程整合的价值观，强调任何课程目标都能够并应当互相融合，且可以运用于所有教育情境中。由于这种目标取向所给出的课程目标是整合性的宗旨而不是某一具体领域的目标，所以教育工作者需要对这些目标的整合作出解释，以适

应各种具体教育实践情境的特殊需要。（见图 2-3）

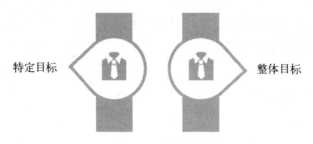

图 2-3　特定目标与整体目标平衡图

　　因此，幼儿园课程的特定目标和整体目标之间是密切相关的，特定目标的实现是整体目标实现的重要步骤。整体目标是特定目标设定的指导方向，特定目标是整体目标的具体体现。

（三）外在目标与内在目标

　　外在目标是指可以用儿童具体的、看得见的行为，如认知、技能等加以表述的课程目标，相对比较具体，更注重结果。外在目标往往强调对结果的评价，较少涉及儿童的技能、能力或成就。情感、态度和能力等方面，也是课程评价中不可缺少的一个重要方面。课程外在目标的体现与课程实践中教师如何为儿童提供支持、引导和帮助是密不可分的。同时，教师可以借助外部的课程目标更清晰地来确定自己教育教学活动的重点。因此，外在目标常与教学设计及课程实施一起被使用。内在目标是儿童心灵成长的目标，不以儿童即时行为的达成情况作为标准的目标，而是注重过程体验。这要求教师在设定目标时要善于把握儿童内在成长的最近发展区，根据儿童的年龄特点和兴趣需要，为儿童提供充分的教育机会，帮助儿童不断学习、不断进步。（图 2-4）

图 2-4　外在目标与内在目标平衡图

幼儿园课程的外在目标与内在目标如何统一？如何通过外在目标的体现达到内在目标的提升？这就涉及到幼儿园课程目标的整合和平衡。总的来说，课程目标平衡需对"课程目标定什么"这个问题进行解答。面对现实的困境，我们需要研究学前教育课程目标平衡。

三、课程目标平衡策略

一般来说，学校课程在满足社会发展需要的同时，理应能够满足儿童在技能、价值、情感、审美、创造等各方面的发展需要，学校课程平衡与否主要看它在目标上是否能够促使儿童最大限度地发展、能否满足儿童各方面需要。[①] 为了实现学前教育课程在预设目标和生成目标、特定目标和整体目标、外在目标和内在目标之间的平衡，我们尝试了一些具体的实现策略，也取得了比较好的效果。下面，我们将从课程目标平衡策略的角度对这些做法进行梳理。

（一）个性协商策略：在预设目标和生成目标之间

课程目标的预设与生成是课程设计应考虑的重要问题。每一位教师对课程目标的预设与生成关系的处理都不一样。教师在预设课程目标时，要全面领会课程标准的内涵，充分尊重儿童的主体地位，有效整合，不断深入挖掘课程资源；教师在生成课程目标时，要注意弹性设计，灵活处理，巧妙延伸。因此，我们在预设目标和生成目标之间特别注重运用个性协商策略。所谓个性协商策略，是指幼儿园课程实施者个体根据课程标准内涵以及实际情况预设儿童发展目标，并将这一预设目标落实在课程实施过程中生成现实的发展目标，促进每个儿童的发展。

一是基于预设目标均衡课程内容。课程目标的最大价值在于导引课程内容的设计。因此，课程内容的安排兼顾主题和非主题的内容，兼顾儿童各领域经验的平衡，体现内容安排的均衡性。关注儿童的兴趣需要和社会热点问题，结合季节、环境节日和儿童生成问题开展活动。选择和安排学习活动的内容，要充分体现综合性、全局性的要求，既有利于儿童经验全方位、多层次的拓展，又有利于儿童基本学习能力的全面培养。

---

① 肖正德.促进农村中小学课程平衡策略研究［J］.中国教育学刊，2012（7）：44-48.

二是聚焦预设目标强化课程实施。教师要重视儿童的学习过程，保证每天15—30分钟的集体活动时间。尽量通过直接体验的方式，创造条件让儿童学习，让儿童充分感受到在与人合作、沟通的过程中进行学习、探索的乐趣。对活动可能的方向、需要的环境、资源、材料等，教师结合本班的实际情况，根据《3—6岁儿童学习与发展指南》制定出切实可行的计划。同时，要善于把有发展价值的兴趣点与预设的活动内容有机地结合起来，使儿童在一日的活动中得到全面发展。关注儿童在师生互动过程中瞬间生成的内容，以恰当的时机、恰当的反应，给予儿童适当的时间。

三是关注个体差异的目标生成。学习活动应尊重儿童的个体差异，关注儿童不同的学习方式和认知风格；鼓励并支持儿童富有个性和创造性地学习与探索，表达与表现。对有特殊学习需要的儿童尤其应给予特别关注。

四是强化生成目标的学习安排。学习活动的组织形式应根据需要合理安排，强调个别探索、小组合作的学习形式。随着幼儿年龄的增长，可逐渐增加集体学习活动的比例，但全班集体学习活动的时间每次不宜过长。

最后，目标是具有动态性的，预设目标仅仅是一个起点，有利于推动课程顺利进行的价值，但这并不是必须实现的目标，课程实施过程中该目标可能会发生相应变化。我们要根据课程实施的具体情况，对目标和内容进行科学合理安排，灵活运用多种方法，从而激发儿童的学习兴趣，并提高课程品质，达到预定的课程目标。加强对课程实施过程中的动态预设和智慧生成是提高课程品质的重要途径。

───────── ［案例2-1］ **芦丁鸡在班级** ─────────

动物是人类的好朋友，喜爱动物是幼儿的天性。当幼儿园"星小园"里迎来了孩子们喜欢的动物朋友后，散步、户外探索等时间，孩子们都会兴致勃勃地与动物们互动，仔细观察，近距离讨论，请老师拍摄芦丁鸡的视频，一起计划着怎么更好地照顾芦丁鸡。活动实施的过程灵活、开放，师幼共同在实践中动态生成活动，活动的生发、实施都源于幼儿的生活，支持幼儿在生活中学习，在游戏中探索，通过提出问题、寻找解决方法，推进幼儿学习。

1. 嗨！你好！芦丁鸡

"星小园"里来的客人是一只只小小的芦丁鸡。初见芦丁鸡，孩子们就被芦丁鸡可爱的模样深深吸引着，他们仔细观察，认真记录着芦丁鸡的一举一动。

康康："老师，芦丁鸡小小的，真的好可爱呀。"

子彧："这只芦丁鸡的羽毛是黑色的，另一只芦丁鸡的羽毛是白色的。"

阳阳："我们一起给它们起个名字吧！"

小宇："黑的叫小黑，白的叫小白，怎么样？"

阳阳："我想叫它们小羽和小可爱！"

子彧："那么我们一起回班级投票吧！"

就这样，孩子们回到班级通过画画投票的方式，开始给小鸡们的名字投票。最终，在讨论中，孩子们选出了两个小鸡的名字——颜颜、星星。

2. 我想知道——芦丁鸡

对于芦丁鸡，孩子们充满了好奇心。"芦丁鸡爱吃些什么食物呀？""芦丁鸡的蛋是什么样子的？""芦丁鸡是怎么睡觉的？"……带着这些问题，孩子们回家和家长一起开展了关于芦丁鸡的大调查活动。

3. 芦丁鸡值日生安排表

知道了芦丁鸡的奥秘之后，孩子们提出想要照顾芦丁鸡。通过商量讨论，孩子们决定制定芦丁鸡值日生安排表，每天分为早、中、晚三个时间段，每个时间段都有两个小朋友来照顾芦丁鸡。此外，孩子们还一起讨论了值日生该如何照顾芦丁鸡，罗列了照顾芦丁鸡的四件事情，给芦丁鸡倒水、给芦丁鸡喂食、打扫鸡窝、带芦丁鸡晒太阳……

4. 养鸡日记

值日生不仅仅要负责照顾芦丁鸡，更要把自己看到的芦丁鸡的生活习惯、爱吃的食物告诉其他小朋友，分享自己照顾芦丁鸡的心得体会。为此，孩子们提出想要把照顾芦丁鸡的值日生工作记录下来，方便其他孩子知道值日生的工作。

5. 我想给小鸡一个温暖的家

孩子们在观察中发现，天气转冷后，芦丁鸡的数量越来越少了。孩子们开始寻找芦丁鸡消失的原因，最后发现很多芦丁鸡因为户外天气冷生病了。通过班级讨论，孩子们决定为芦丁鸡做一个温暖的家，并根据自己的想法绘制出一张张设计图。

根据设计图的模板，邀请家长和孩子们一起收集能让小鸡的家变得暖起来的材料，一起根据孩子们的设计图动手搭建温暖小家。

幼儿和动物之间似乎有着天然的联系，千变万化的动物世界总是能够引起孩子的注意，他们总是对不同种类的动物充满了好奇心与探索欲，通过"咕叽咕叽，小鸡来啦"课外探索活动的开展，不仅让孩子们对芦丁鸡的特征产生了深刻的印象，更是萌发了孩子们探索动物的兴趣。我们将继续捕捉生活中的教育契机，以孩子们的兴趣为方向，为孩子们提供更多自主学习、探索的机会，并发现孩子们的闪光点。

（上海市嘉定区星华幼儿园　周丽丽）

（二）透视学习策略：在特定目标和整体目标之间

所谓透视学习策略，是指教师通过在日常生活和游戏中观察，看见儿童的学习行为和情感脉络，克服简单、生硬的说教，在整合的目标引导与儿童的相互学习中，为儿童的后续学习和终身发展奠定良好素质基础，促进儿童品格和能力的健康发展。为实现特定目标和整体目标之间的平衡，需要教师运用透视学习策略，让课程目标链接生活世界和个性自我紧密联系，落实课程的核心价值取向。

一是关注生活世界。当前，我们要求85%的共同性课程满足儿童共性活动的需要。游戏的主题应来自儿童的兴趣和生活经验，教师要根据儿童的需要和想法，帮助儿童并与儿童共同商量确立主题。为满足儿童游戏活动的需要，保证每次1个小时的游戏时间，要充分利用各种空间，供儿童游戏使用。如：专用活动室、走廊、操场等。教师和儿童一起收集游戏材料，且材料的摆放要便于儿童取用、搭配及随意组合。材料要给儿童留下想象的空间，要多样化运用。教师的观察要注意不破坏游戏的真实性、自然性，应尽量采取自然、隐蔽的方式进行。分享交流时可选择同伴、分组集体和自由交流等不同的形式，一般小年龄儿童分享交流的时间为10分钟；大年龄儿童分享交流的时间在15分钟左右。此外，可根据需要随机把握分享交流的时间。

二是放飞个性自我。我们幼儿园15%的选择性课程，满足儿童个性化发展的目标，提供多样化的学习体验和活动，以促进儿童的全面发展。选择性课程以儿童故事为主线贯穿于一日活动，以儿童的学习和发展为中心，通过儿童讲述的一系列有关生活、运动、游戏、学习的故事，引导儿童主动参与、发现和解决问题，培养其自主学习的能力和创造力。在选择性课程中，教师需要关注每位儿童的特点和需求，提供适当的指导和支持，帮助儿童在多样化的学习体验中成长和发展。

—————————— [案例2-2] 　小班角色游戏材料的投放 ——————————

游戏材料是儿童游戏、教师教育意图的物质载体，儿童是在对材料的直接感知和操作的过程中学习的。有效投放材料，可以促进儿童角色游戏水平的发展。陈鹤琴说过："大自然就是活教材，只要用心发现，生活处处皆课程。"这提示我们需要有一双"善于观察的眼睛"，去寻找游戏的"真"材料。

1. 前期材料投放

我们前期投放了很多仿真类的煤气灶、锅碗瓢盆及各种食物等游戏材料，还有装扮类（小警察、小厨师、消防员、小演员、小医生）的服装和各种头饰、丝巾等，以及其他很多的低结构材料，如：各种瓶盖、各式各样的球、纸盘、纸盒、纸筒、软管等。

2. 发现的问题

但几次游戏后我们发现，儿童对低结构材料选择得较少，仿真类材料则投放得过多，导致每次游戏时都有很多仿真类材料和低结构材料剩余。

3. 材料的调整

于是，我们做了调整，减少了仿真类材料（锅碗瓢盆，食物）的数量，去除了煤气灶等一些不需要的仿真类物品。减少了现有低结构材料（瓶盖、各式球类、纸盘等）的数量，增加了其他一些低结构材料（吸管、烟管、木头积木和泡沫积木）和自然材料（树叶、小棍、木片、松果、小石头），以及角色特点明显的游戏材料，供幼儿游戏使用和操作，如：烧烤店、小医院、理发店等。

4. 材料的摆放

我们将自然材料摆放在一辆推车上；将一部分体积较小的低结构材料（吸管、纸杯、纸盘、瓶子、小球）摆放在另一辆推车上；将体积较大的低结构材料分别摆放在大箱子里；将仿真类材料分别摆放在不同的箱子里；将装扮类的服装、帽子、丝巾摆放在同一个衣架上；将烧烤店、小医院、理发店等角色特点明显的材料摆放在第三辆小推车上，并和装扮类的材料架摆放在一起供儿童使用。

（三）故事表达策略：在外在目标和内在目标之间

有学者认为，课程隐含价值取向，它既指选定课程内容的价值标准，又指教师对所教内容的价值取向，还指这些内容对学生的实际价值或意义。课程的价值维度比较隐蔽，在考虑课程时往往被忽视，但它是左右课程面貌最为关键的因素。课程价值问题关乎课程改革的成败，课程改革的重心应放在课程价值观的调整和重新定位上。①

故事表达策略是指基于儿童的年龄特点，借助故事表达这一媒介，将儿童内在体验和内心世界外化为客观的外在表达表现。在这一过程中，通过整合并平衡课程内在目标和外在目标的需求来帮助儿童更好地展现自己的感受。教师可以运用多种方法，如观察引导、情境体验、游戏感知等，这些教学方法的运用能让儿童在故事讲述、故事感知、故事表演体验中统一整合课程目标，在内在目标和外在目标之间找到适合的平衡点。

此外，学校课程是理性探究活动，它们的内在价值首先在于它们具有一切具有内在价值的活动所具有的特征。课程的内在价值最终表现出对课程活动的外部结果的关注，如果说课程广泛的认知关注有助于说明课程的内在价值，那么基于课程严肃的认知关注的价值辩护已经包含对课程活动外在结果的诉求。②

从根本上说，课程本身既有内在的目标，也有外在的目标。这两种目标冲突，更多的是理论上的体现。在实际操作中，追求课程的内在目标，对课程的外在目标并没有必然的排斥。我们现有的课程目标导向的问题，也是因为我们对其理解得太机械、太狭隘，过于偏重外在目标。运用故事表达策略，让教师借助故事表达这一媒介，将儿童内在体验和内心世界外化为客观的外在表达表现，既努力体现课程的内在目标，又致力于落实课程的外在目标。

——————————— ［案例2‑3］　丁丁与拉拉 ———————————

第一环节：听故事，表观点。通过故事背景的讲述，以及故事中的爸爸、妈妈截然不同的特点形成对比，让儿童从故事人物的最表面现象开始进行分析，并引导儿童在这一过程中表达自己的观点，为活动的进一步开展奠定良好的基础。

———————————

①② 黄向阳.论课程改革实施中的价值整合［J］.南京社会科学，2010（11）：120－127.

第二环节：解故事，促思考。通过提问的设计以及儿童的充分表述，让儿童从主观上感知在遵守一定游戏规则下的自由游戏会让游戏更好玩，即相对自由会更好。

第三环节：品故事，展自由。通过活动中故事的讲述以及故事情节的转折，让儿童在听故事、讲故事的过程中逐渐感知相对自由的好处。此外，通过故事逐步延伸到儿童的家庭生活、幼儿园生活中，让儿童发现其实自由存在于生活的各个角落中。

（一）听故事，表观点

1. 听完了故事，你喜欢拉拉爸爸还是喜欢丁丁妈妈？说说你的理由，拉拉爸爸会做什么？丁丁妈妈会做什么？

2. 你觉得拉拉爸爸和丁丁妈妈他们谁能更好地照顾宝宝？

小结：他们都有可能照顾好宝宝，拉拉爸爸的本领非常大，而丁丁妈妈能照顾得很细致。

设计意图：要想在幼儿园教学活动中将故事教学的作用全面发挥出来，那么，在实际开展教学活动的过程中，就必须结合故事本身的情感线开展。具体地说，教师应当事先读懂故事的情感线，对故事的关键内容、核心要点进行解读，让活动始终围绕着这条情感线开展。同时，也要紧紧地围绕着故事的情感线设计提问，并注意提问的开放性以及普适性，让每个儿童都有说与表达的机会。只有这样，儿童才能更乐意参与到活动的讨论中来，儿童也才更愿意思考和表达自己的观点。通过故事背景的讲述，以及故事中的爸爸、妈妈截然不同的特点形成对比，让儿童从故事人物的最表面现象开始进行分析，并引导儿童在这一过程中表达自己的观点，为活动的进一步开展奠定良好的基础。

（二）解故事，促思考

1. 过渡语：在一次角色游戏中发生了一件事情，我们一起来听听吧。

2. 拉拉为什么哭？发生了什么事？

3. 现在你是喜欢拉拉爸爸还是喜欢丁丁妈妈？说说你的理由。

4. 为什么你不喜欢拉拉爸爸？在游戏中想做什么就做什么不是挺开心的吗？

小结：在游戏中想做什么就做什么，就是完全按照自己的想法在做游戏，如果别人无法接受就会让别人变得不开心。

设计意图:《幼儿园教育指导纲要(试行)》明确指出:鼓励儿童大胆、清楚表达自己的想法和感受,尝试说明、描述简单的事物和过程,发展语言表达能力和思维能力,是幼儿园教育的一项重要任务,而且儿童期也是掌握语言的关键期。此外,在一日活动中发展儿童的语言表达能力,更多是以儿童的一日活动(学习活动、生活活动、游戏活动)为着眼点,在单个活动中促进儿童语言能力的发展。故事中拉拉爸爸和丁丁妈妈之间的行为呈现出鲜明的对比,可以让儿童自由表达自己的看法——到底是喜欢爸爸还是喜欢妈妈,并说说自己的理由。这样不仅锻炼了儿童的语言表达能力,而且儿童还能通过故事中人物的行为来对比"绝对自由"与"相对自由"的异同。

5. 拉拉爸爸在游戏中自由吗?这样的自由为什么不好?游戏中怎样的自由更好?

小结:拉拉爸爸自由了,但他在游戏中完全没有承担好爸爸这个角色的职责,是不遵守游戏规则的行为。而丁丁妈妈在游戏中就是在做妈妈应该做的事情,选择妈妈做的任何应该做的事情也是一种自由。

设计意图:受教育者以建构和塑造受教育者主体性为目的,在教育者的启发和诱导下,以爱学、学会、会学为目的,主动获取知识,发展智力,陶冶人格,形成完整人格的过程,是启发式教学的本质内涵。幼儿园集体教学活动中的问题具有启发性的作用,能较好地激发幼儿的学习兴趣,培养幼儿的正面思维。因此,也成为教师教学中最多使用的一种手段。在活动中,教师需要巧妙地设计提问,提问的品质决定儿童思考的能力。教师提出的问题要有宽度、深度、角度、精度,问题之间还要有内在逻辑性。把问题抛给儿童,引导儿童与同伴讨论、交流,教师或"隔岸观火",或"推波助澜",激发儿童间的思维碰撞。在此过程中,教师不光要善于等待,也要提倡儿童之间的等待,给予儿童充分陈述、表达自己观点的时间,并为每一个儿童迸发的思维火花而喝彩。通过问题设计以及儿童的充分表述,让儿童从主观上感知在遵守一定游戏规则下的自由游戏会让游戏更好玩,即相对自由会更好。

(三)品故事,展自由

1. 讲述故事的后半段。

改变后的拉拉爸爸你喜欢吗?为什么?

2. 除了在游戏中我们可以在遵守规则的情况下想做什么就做什么，还有在什么时候也可以这样？

小结：在日常生活中，在幼儿园生活中，我们只有在遵守大家都认同的规则的前提下，才能自由地选择我们想做的事情。

设计意图：正如《幼儿园教育指导纲要（试行）》中提出的，教育活动的组织应充分考虑儿童的学习方式和特点。在集体活动中，教师对导入部分，特别是主体部分比较关注，但对活动结束部分的处理往往有些虎头蛇尾，例如，"我们一会儿到外面去试试""下次我们再去找一找有什么新的办法""把这个问题带回家，问问爸爸妈妈"等随意性的结尾，谁也没有去追溯后续的活动到底有没有开展，活动延伸的内容也就不了了之。但是，一个活动的效果不光仅限于活动当场的效果，更要对儿童的长期生活与学习产生足够的影响。通过活动中的故事讲述以及故事情节的转折，让儿童在听故事、讲故事的过程中逐渐感知相对自由的好处。此外，通过故事逐步延伸到儿童的家庭生活、幼儿园生活中，让儿童发现其实自由存在于生活的各个角落中。

总之，为了实现幼儿园课程在预设目标和生成目标、特定目标和整体目标、外在目标和内在目标之间的平衡，我们采取了个性协商策略、透视学习策略和故事表达策略。以上三种策略可以促进幼儿的全面发展，增强课程开展的效果，提高教师的专业能力，提高家长和社会的认可度。

（上海市嘉定区星华幼儿园　强薇）

第三章
课程内容平衡及其实现策略

明确课程内容平衡有利于我们在逻辑上判断内容的条理性和一致性，确保幼儿园课程活动的有效性和连贯性。幼儿园课程内容平衡包含共同性课程与选择性活动、直接经验和间接知识、情感需求与科学依据之间的平衡。为了实现幼儿园课程内容平衡，可以综合采取自主生成、"移花接木"和以玩代学等策略。

课程平衡具有多层次性，其中课程结构与课程内容的平衡是一个重要层面。课程内容的平衡包括各个学科之间、各种课程类型之间的平衡，如必修课程与选修课程比例的消长，学科课程与综合课程、核心课程、活动课程的结合以及共同基础课程的设置。课程内容的平衡性包括间接知识与直接经验之间的平衡以及人文与科学之间的平衡。① 本章将从幼儿园课程结构设计和课程内容设置的角度，梳理学前教育课程内容平衡及其实现策略。

一、课程内容平衡的意义

国外的课程学家普尔·哈尔文森（Paul Halverson）认为，平衡课程是指在课程的范围和实现方式上有助于达成教育目的的结构与次序，并认为课程的平衡性与学校所处的相对稳定或变动的社会文化有很重要的关系。②

我国学者汪霞认为：课程应是一个平衡化的系统，学生应该学习宽广平衡的课程。③ "课程内容的平衡"包括三个层面：首先，各类课程要平衡，以确保教育质量，并且要全面涵盖德、智、体、美等多个领域；其次，内容要平衡，既要保证儿童在实践中获得的经验，也要让他们通过经验迁移获得知识；最后，教育目标要平衡，以确保儿童能够达到最佳的学习效果，确保儿童的情感需求和科学指标能够得到有效的平衡。④

学者关少怀认为，幼儿园课程内容的选择有其自身的客观要求。随着社会影响的加大与增强，在遵循课程内容选择规律的同时，也必须考虑社会影响的作用，使课程既有利于儿童的和谐发展，又有益于社会的需要。

我们认为课程内容平衡并非一成不变，而是一个动态的过程。随着儿童和社

---

① 杨燕燕. 国外中小学课程平衡性研究 [J]. 比较教育研究，2008，221（6）：56 - 60.

② Association for Supervision and Curriculum Development. Balance in the Curriculum [M]. Washington DC：ASCD，1961：3.

③ 林冬梅，张君. 课程平衡初探 [J]. 沈阳师范大学学报（社会科学版），2003（4）：78 - 81.

④ 关少化. 幼儿园课程内容：在课程独立与社会影响之间取得平衡 [J]. 早期教育（教师版），2008（10）：10 - 11.

会的不断发展，课程内容也会随之出现新的问题和需求。因此，教师需要不断地对课程内容进行平衡和调整，以适应时代的发展和社会的变迁。这就需要教师具备敏锐的观察力和创新意识，及时捕捉教育的新动态和新趋势，随之更新课程内容，确保其始终能与时代的步伐保持一致。

总之，课程内容的平衡性不仅仅是一种接近平衡，而且也是一种不断发展的状态，随着新的需求的出现，原有的平衡性将会受到挑战，并最终被新的平衡性取代，所以，它是一个充满动态的发展进程。我们认为，只有两者相互补充、动态调整，才能为儿童提供一个全面发展的空间。

二、课程内容平衡模型

综上所述，针对关键要素，我园梳理了幼儿园课程内容平衡模型，以促进儿童以有序、向上的形态多元发展。其中，课程内容平衡涉及共同性课程与选择性活动、直接经验和间接知识、情感需求与科学依据之间关系的处理。（见图 3 - 1）

右图中，三类课程内容平衡具体内涵如下。

（一）共同性课程与选择性活动

2001 年，《幼儿园教育指导纲要（试行）》以"健康、语言、社会、科学、艺术"等五大学科为基础，详细阐述了课程的目标、内容和要求，并给出了相应的指导建议。2004 年，《上海学前教育课程指南》将幼儿园课程划分为共同性课程和

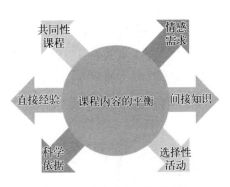

图 3 - 1　课程内容平衡模型图

选择性课程。2019 年，《上海市学前教育三年行动计划（2019—2021 年）》指出，深化幼儿园课程改革，深入开展幼儿园活动的实践优化工作，各园需要进一步优化园本课程内容。从上述政策文件中不难看出，对于学龄前儿童的课程内容的设置虽然随着社会期望与要求有所不同，但其大体的轮廓却是非常清晰的，这些都是每一个学龄前儿童需要在幼儿园里所接受的共同性基础课程教育。但是，随着以儿童为中心的教育理念的日益普及，传统的共同性课程已经难以满足孩子

们的个性化需求。因此，各类特色园本活动应运而生，而且这些课程应根据孩子们的发展特点和水平，以及他们所处的自然和文化环境，在弥补传统共同性课程不足的情况下为孩子们提供一个新的选择。（见图3-2）

图3-2　共同性课程与选择性活动平衡图

（二）直接经验与间接知识

从广义的解释来看，直接经验是指主体从与其他事物的联系中获得的可以迁移、指向某对象事物的亲身实践性的感性认识，又被称为迁移性经验。间接知识是指在别人的理性认识用语言文字符号表达出来之后，主体进行接受、记忆、理解所获得的指向某对象事物的符合科学的理性认识。

从狭义的角度我们可以理解为儿童从教师或者同伴亲身示范的经验中获取了间接知识，而儿童将获得的知识进行反复操作或者实践产生的结果就是儿童所获取的直接经验。比如，儿童在集体活动中从绘本《小蓝与小黄》中了解到"混色现象"这个间接知识，然后儿童通过一次次将不同颜色混合的实验，发现了蓝色加红色会变成紫色，而红色加黄色会变成橙色，这就是他获取的直接经验，从中也能看出间接知识与直接经验其实是相辅相成的，任何知识获取的过程，其本身也是一种学习经验的生成过程。（见图3-3）

图3-3　直接经验与间接知识平衡图

（三）情感需求与科学依据

许多老师把课程看作是一张精心设计的计划，它包含了丰富的信息和结构，但实际上，它只不过是一个暂时的概念，并没有实际的意义。因此，我们应当把它看作一个真正的系统，它应当符合科学的原则，并且注重培养孩子的思维和分析能力。但是，《幼儿园教育指导纲要（试行）》强调，应该给予孩子更多的空间，让孩子可以通过各种艺术形式来展示其内心的情绪、思考、观点，并且给予孩子充足的支持，让孩子在这些活动之余，也能够体验到更多的成就感。因此，我们应该充分认可孩子的情感诉求，并且给予孩子更多的空间去发挥其内在的潜力，从而让孩子在成长过程中获得更多的快乐。教育的目标并不是单纯地完成指定的科学任务，而是应该在尊重儿童情感需求的基础上让孩子习得生活学习所需要的经验与技巧。（见图 3 - 4）

图 3 - 4　情感需求与科学依据平衡图

三、课程内容平衡的基本策略

我们将从课程内容平衡的基本策略这一角度出发，探讨梳理实现学前教育课程在共同性课程和选择性活动、直接经验和间接知识、情感需求和科学依据之间的平衡的具体做法。

（一）自主生成策略：在共同性课程和选择性活动之间

《幼儿园教育指导纲要（试行）》明确提出，幼儿园应从实际出发，因地制宜地实施素质教育；教师要从本地、本园的条件出发，结合本班幼儿实际情况，制定切实可行的工作计划并灵活地执行。幼儿园课程内容的选择是以儿童的兴趣与儿童的"最近发展区"为重要依据，并结合自己的园本特色活动内容建构而成的。但是，部分幼儿园课程内容的选择更侧重于园本特色，从而导致了领域的单一性和领域的失衡。我们认为，只有实现"特色"与"共性"之间的相互补充、动态调整，才能为儿童提供一个全面发展的空间。

一是课程内容是有机融合的。首先是全面，不能偏废知识、情感态度、行为的任何一个方面；其次是均衡，即上述三方面要比例恰当；再次，课程内容应相互融合、彼此协调，形成有机的整体。

二是随机生成课程以补充共同性课程所缺失的内容。立足儿童友好，以儿童为课程开展的主线，尊重儿童的想法，支持儿童自主学习、探索。课程实施时灵活、开放，师幼共同在实践中动态生成活动。此外，课程的发生、实施都源于儿童的生活，并支持儿童在生活中学习，在游戏中探索。

三是注重儿童提出的问题。支持儿童在幼儿园一日活动中探索未知领域，通过提出问题、寻找解决方法，推进儿童学习，推进班本化活动的深入。

──────────────── [案例3-1] 松鼠的小屋 ────────────────

案例背景：

正值《动物花花衣》主题开展的过程，孩子们通过参与主题中的集体活动，以及在区角里体验主题式个别化学习活动，孩子们对各种各样的动物都产生了极大兴趣。

片段一：

在一次户外探索时，我发现妍妍和畅阳在松鼠的笼子前驻足了很久，两个人你一言我一语地在讨论着些什么。于是，我上前询问道，"你们在聊什么有趣的事情吗？"这时，畅阳说道："杜老师，这两天好冷哦，我睡觉的被子都换成了很厚的被子，小松鼠待在外面会不会很冷啊？"还没有等我思考完，妍妍就说了："我不是刚才和你说了吗？小松鼠身上有毛，而且尾巴也是毛茸茸的，和我们不一样，它们不怕冷的。"听到他们俩讨论声的芒果也走了过来，并说道："我觉得它们会冷，森林里面有好多叶子可以做被子，但是它们现在住在铁丝做的笼子里，都没有树叶可以盖。"这时，围上来的孩子越来越多，大家都有自己的看法。

教师思考：

通过观察"星小园"里几只松鼠的生活状态，我发现孩子们对于松鼠在"天气变冷后会不会着凉"的问题十分感兴趣，孩子对松鼠的已有经验主要包括：一是对松鼠的主要形态、特征有所了解。二是对松鼠在野外生活的环境有基本的认知，能够发现幼儿园里的松鼠和野外的松鼠在生活环境上的区别。三是喜爱、关心小动物。于是，我将问题抛给孩子们，延伸他们对于松鼠的好奇心，通过园家合作帮助孩子了解松鼠的生活特性、跑跳本领、爱吃的食物等，以此来推动他们解决问题。

片段二：

经过几天的调查收集之后，我利用一次自由活动的时间邀请孩子们把收集到的信息和大家一起分享。

畅阳："我和妈妈在看《动物百科》的时候还发现它们在天气凉的时候会收集很多很多吃的并藏起来。"

洛洛："对的，它们会找橡果、榛子。这些都是它们爱吃的。"

妍妍："爸爸在网上给我看了松鼠的视频，我发现小松鼠虽然有着厚厚的毛和毛茸茸的尾巴，但是它们过冬的时候会找一个树洞躲起来，就像在屋子里一样。"

通过讨论，孩子们决定要为松鼠搭建一个不冷且可以在里面荡秋千、玩滑滑梯等设施的有趣、好玩的家。

于是，我提问道："你们打算用什么给小松鼠做小屋呀？"孩子们叽叽喳喳又讨论了起来。芒果："我知道它们还会捡来很多的树枝，还有树叶，给自己取暖，我们角色游戏的地方就有好多树枝和叶子。"锐锐："我爷爷以前用纸箱子给小鸡做过窝，我觉得小松鼠也能住。"根据大家的想法，我引导孩子们可以找和自己想法相似的朋友组成小组完成松鼠小屋的制作。

于是，孩子们利用户外探索时间在星梦园里面收集了他们需要的自然材料，个别孩子还发动家庭成员帮助收集不用的旧纸箱。经过一番收集，各个小组的材料都准备到位了，但是开始制作时，大家又遇到问题了，"这里的地方太小了，我没法把纸板铺开来"，"紫色的颜料怎么已经用光了"，"我还想要一些漂亮的布给小松鼠做床"……

老师："除了在教室里面，你们还在哪里也看到过很多的颜料？"楠楠："我在星艺廊里面玩过涂色，那里有很多颜料，而且都很大，比教室里的大得多。"薇薇："那边也有布，我还和陶奕一起做过衣服。"芒果："杜老师，那我们能去星艺廊吗？那边还有很漂亮的毛线，我也想用来给小松鼠做一个暖和的床。"

老师："当然啦，如果你们需要当然可以去啦。"

教师思考：

关注儿童的最近发展区，给予儿童更多的机会。《3—6岁儿童学习与发展指南》强调，为孩子们提供充足的机会，可以使他们有机会探索各种各样的艺术形态，并鼓励他们进行独立的艺术表达与创新。在艺术教学中，这种多样化的环境有助于孩子们更好地理解各种艺术创造技巧。通过多元的艺术活动，比如借助具体的场景、具体的事物，在参与、发现、体验的过程中积累经验，不仅为儿童提供各种互动的机会，也为儿童的发展提供个性需求。

教师收获：

通过班本生成的活动，我们可以有效培养儿童科学、艺术等方面的核心素养。这种以美术语言为基础的综合性活动，可以激发中班儿童的艺术表达能力，增强他们对活动的兴趣、专注度和创造力。教师基于对主题经验的分析，有效挖掘幼儿园中的个性资源，寻找与主题的切合点，并且融合了儿童原有的生活经验和美术表现经验。引导儿童在观察感受的基础上，发现松鼠过冬时的生活环境，满足儿童的好奇心，在兴趣的激励下愿意大胆创作——为松鼠设计制作小屋。在活动中教师观察到儿童乐于观察细节、喜欢探究质疑、大胆表达表现的品质。这也培养了儿童自信这一良好的学习品质。活动的价值也得以体现。

(二)"移花接木"策略：在直接经验和间接知识之间

儿童的发展是一个连贯又整体的存在，所以，幼儿园课程内容不应追求单一、侧重的或者分裂的儿童发展的知识系统。从儿童的发展脉络来看，各个发展领域之间是相互关联、互相促进的，进而构成了一个良性的发展整体。因此，幼儿园课程内容应是多样性的、综合的，应尽可能使不同领域的课程内容产生关联，从而促进学习迁移。作为教师，我们不应该以片面单一的领域经验作为学前儿童活动的起点，而是要将各领域的学习经验融合在一起，以完整、多元的形态传授给儿童。

一是以领域课程构建儿童的直接经验体系。儿童通过与周围环境的互动来获得直接经验，这些经验构成了他们知识体系的基础。因此，幼儿园课程应该注重儿童直接经验的积累和提升，并通过不同领域的课程来丰富和拓展儿童的经验。

二是架设桥梁，连接不同领域课程，发挥相互作用。不同领域的知识不是孤立的，而是相互联系的。因此，幼儿园课程应该注重不同领域之间的联系和整合，通过架设桥梁来促进不同领域之间的相互作用。

三是经验迁移，将间接知识转变为直接经验。在幼儿园课程中，有些知识是间接的、抽象的，儿童难以直接感知和体验。因此，我们应该注重将间接知识转化为儿童可以直接感知和体验的内容，通过经验迁移来帮助儿童更好地理解和掌握知识。

——————————— [案例3-2] 不一样的小人国 ———————————

随着新主题《身体的秘密》的开始，我们为孩子们投放了一些有趣的指印画的照片，以及印泥、勾线笔、湿纸巾等美工用具，以引导孩子们发挥想象，创造一个有趣的小人国。

个别化学习活动开始了，我重点介绍了一下美工区，让孩子们欣赏指印画，鼓励他们创造一个有趣的小人国。悦悦、养乐多、可可等几个孩子首当其冲直奔美工区，只见悦悦迫不及待地伸出食指，用力地在红色的印泥里按了一下。他看着红红的食指笑了，又迫不及待地走到背景墙上用力地把手指按在纸上，纸上立刻出现了一个红红的指印。悦悦"呵呵"笑了，马上转身又去印泥上按，看到印泥被自己按得凹下去了，他又发出了"咯咯"的笑声……悦悦来来回回，忙得不亦乐乎，背景墙的纸上已出现了一连串的红红的指印，养乐多和可可也照着悦悦的样子画了起来。活动结束后，我发现他们三个人画的小人基本上都是一个样子，大多都是根据参考照片进行临摹。

教师思考：

儿童的学习和发展是在直接经验中获得的，但又需要在集体活动中与环境交流互动，从而获得支持、保障，使个体建构更为合理、客观。高低结构活动的转化，使儿童既在集体活动中获得科学、合理、客观的间接知识，又能在个别化学习活动中表现出个别化的直接经验。儿童的发展是一个连续的过程，需要得到教师的正确引导，也需要开放的个别化的探索学习。只有将这两种活动进行有效的高质量的转化，孩子才能获得知识、提升经验并实现全面发展。于是，我进行了以下调整：一是通过集体活动，引导幼儿了解手印画的玩法。儿童对于手印画的兴趣度是非常高的，但是前期的已有经验还不够丰富，所以以"小人国"为主题进行了一次集体教学活动，旨在丰富儿童的前期经验。此外，该活动也促使儿童迁移了同伴的经验，还不断发挥自己的想象，使小人国更有趣。二是增加任务，两种玩法相结合。教师提供儿童照片，鼓励儿童用手印画的方式给朋友画自画像。具体而言，儿童摆出各种造型，教师将其拍成照片并打印出来放在区角，儿童画完手印画后还可以讲一讲自己和朋友画出的小人国里的自己和朋友。

调整与推进：

随着游戏的推进，儿童对于手印画的色彩和材料的丰富度的需求加大，儿童已经不满足于用单一颜色的印泥和黑色的勾线笔来创作手印画。因此，第二次的调整与推进主要是丰富了材料的选择，为了满足儿童的创作需求，我提供了拓印用的树叶模具，各色的水彩笔和水粉饼颜料，方便儿童在创作过程中进行选择和创作。

教师思考：

教师将儿童的直接经验进行提炼。在低结构活动中关注儿童的经验；在高结构活动中分享儿童的经验，提升儿童的经验。高低结构活动的转化反映出教师对儿童学习过程、学习方式的认识。活动转化没有固定的模式，但需要教师在最有效、最佳的时机进行运用，只有两者在实践中不断穿插、转化，才能帮助教师打破预设的课程，获得更多来自儿童学习过程中的教育信息，从而更好地处理、把握，选择最有利促进儿童发展的活动形式，为儿童的发展建构出新的呈动态发展的课程。

（三）以玩代学策略：在情感需求和科学依据之间

《幼儿园教育指导纲要（试行）》中明确提出，幼儿园教育应以游戏为基本活动。幼儿园课程内容的游戏化主张在幼儿园的"教"与"学"中融入游戏的形式、游戏的要素、游戏的精神，让儿童在游戏中快乐、自主、自由地享受教育。[1]研究表明，游戏对儿童的发展作用比科学知识更加显著。[2] 美国银行街学校非常注重游戏在儿童发展中的重要性，并提出了"发展性的相互作用"这一概念。他们认为，游戏课程的目标应该是促进儿童的整体发展，而认知能力的培养必须与儿童、环境相互交往的过程相结合。他们将游戏视为教育的基本途径，通过引导

---

① 范元涛. 幼儿园教学游戏化研究 [D].重庆：西南大学，2011.

② Joe L. Frost, Sue C. Wortham, Stuart Reifel. Play and Child Development [M]. NewJersey：Merrill Prentice Hall, 2008：64-66.

儿童在游戏中探索世界，学会发现问题、解决问题、与他人交往与合作以及调节情绪等，促进儿童的综合发展。因此，游戏在促进儿童整体发展方面起着重要的作用。游戏是儿童最为喜欢的一种体验形式。通过游戏，儿童能够积极参与，体验和探索世界，培养观察力、思维能力和解决问题的能力。此外，在游戏中，儿童更容易获得社交和情感发展，帮助他们学会与他人交往、合作，并逐渐掌握情绪调节的能力。因此，为了更好地促进儿童各项科学指标的发展，我们需要在满足儿童情感需求的基础上，通过游戏的形式和"让儿童自己做主的方式"来引导他们的学习和成长。这样可以使儿童在积极、愉快的氛围中发展认知能力，培养社交技能，并逐步形成健康的情感态度。

一是创设儿童感兴趣的游戏形式。一个富有吸引力的游戏环境能够激发儿童的好奇心和探索欲望，促使他们更加积极主动地参与其中。为了营造这样的环境，我们需要深入了解儿童的心理特点和需求。儿童正处于身心发展的关键时期，他们对于新鲜事物充满好奇，渴望探索未知的世界。因此，游戏环境的设计应充满趣味性和探索性，能够引导儿童主动去发现、去尝试、去思考。

二是注重材料投放的科学性。儿童的学习是以游戏的形式为媒介的，但是在课程内容平衡的基础上，我们要注重游戏性与科学性的共存。因此，在材料投放时，要注重材料投放的科学性，教师在材料投放的过程中要深知游戏背后的科学原理，以及材料对儿童探究学习的激励作用。

三是关注儿童遇见的真实问题。在儿童探究的过程中，会产生各种各样的新问题，这样的问题是儿童的真实问题。因此，为了课程内容的平衡，教师要时刻关注儿童在探究过程中的新问题、真问题，只有真问题才能促进儿童不断深入学习。

————————　[案例3-3]　**几根扭扭棒合适**　————————

自从开展了"做手链"的游戏活动后，孩子们每天都要玩这个游戏。这天，乐乐和然然又在玩，他们做了一条不过瘾，又连续做了四五条，玩得不亦乐乎。桌子上、地上全是剪好的扭扭棒，垃圾桶里也满是他们剪落下来的扭扭棒。然然想把手上的垃圾扔进垃圾桶，发现垃圾桶里已经满了。于是，他跑过来告诉我："杜老师，乐乐他们浪费了好多扭扭棒！垃圾桶都满了。"我也发现区域里准备的一大把扭扭棒，不到一个星期就快用完了。我肯定了然然的发现，并表扬他及时指出了"浪费"的问题。"可是，我们该怎么办呢？"通过思考我采用了以下两种策略：一是支持儿童玩中学——"最美手链擂台"开始了。儿童热衷于"最美手链擂台"的游戏，因为好玩，儿童始终在探究，因此，在追求儿童热点的基础上，为了实现儿童的主动学习，我决定在个别化学习活动区域中开设一个"最美手链擂台"，鼓励儿童进一步去探究让扭扭棒手链变得更漂亮的好方法。二是废弃扭扭棒有归处，共同探讨废物循环利用的问题。擂台有了，但是大量扭扭棒被浪费的问题依然还在，于是我决定将问题抛还给儿童。游戏讨论时，然然讲了自己在游戏中的发现，并提出了自己的意见："乐乐他们剪了好多扭扭棒，把我们的扭扭棒都快用完了，下次我玩游戏怎么玩呢？还有，他们剪了那么多扭扭棒，小垃圾桶都装不下了，不是很浪费吗？"然然说得有些"义愤填膺"，小脸都急得有些涨红。大家的目光一下子都聚集到了乐乐身上。乐乐说："我们就剪了几根，没有把扭扭棒用完。而且，这些扭扭棒已经掉了很多毛了，多剪几根有什么关系呢？"乐乐的反驳又引发一个新问题。于是，我继续追问："用过的扭扭棒丢了是不是浪费呢？"唐唐："用得太多了，就是浪费。"

辰辰："用过的扭扭棒还可以做其他的东西，不能说它们是没用的。"甜甜："扭扭棒都快用完了，当然是浪费了。"我："有什么办法能让我们不浪费呢？"暄暄："一人只用一根长扭扭棒。"昊昊反问："那还想用一次怎么办？"暄暄又强调道："那一人用两根，最多用两根。"这时，一旁的男男走过来说："我觉得不是用几根的问题，我们要想办法让剪下来的扭扭棒也能用起来。"我："剪下来的扭扭棒该怎么循环利用呢？"恩恩："我们可以把短扭扭棒收集起来用在角色游戏里，可以当钱，也能用作书本连接的圈圈。"恩恩的建议得到了大家的一致赞同，于是，大家决定将区域中的短扭扭棒循环使用起来。

教师思考：

尊重儿童的天性、意愿与真实需求，促进儿童的学习发展。从心理学上来说，规则意识是指发自内心的、以规则为自己行动准绳的意识。这种意识是指儿童能够理解规则，同时也能表达出来，且行动上也会去遵守规则。成人教授的道德价值观，儿童往往难以理解，行动上也是被动遵守。儿童应是规则的参与者、评价者、主动建构者，教师不应设计能对儿童行为产生控制作用的外部环境，更不应寻找有效"手段"来实施过分限制和统一管理。教师应该把自己的意志转化为集体的意志，让儿童在自己喜欢的游戏中学习制订规则，初步尝试学会自律。鼓励儿童亲身经历，亲身体验，并且尝试自己与同伴商讨、制订规则，这比成人直接给予一个规则要更有效。

将自主权归还儿童，放手让他们自己商定游戏的规则。"循环利用"的约定相信会让儿童在游戏中更加珍惜游戏材料，并探究得更加细致。在讨论的过程中，儿童对"节约"这个话题的参与度很高，说明这一话题距离儿童的生活并不遥远。由一个儿童的发现，拓展到全班儿童对节约问题的关注，同时也因为是儿童亲自参与制订的，又是他们活动的内在需要，所以在儿童深刻体验了规则的重要性后制订出的活动规则，他们在游戏中才更能接受。在后续的生活中，我发现儿童对身边的节约问题更加敏感，对环保也有了更深的体会。这就说明儿童只有在理解并且发自内心认同的情况下，知识技能才更容易为他们所理解和消化，从而实现儿童的主动发展。

总之，在课程内容的认识上，需要确保内容的全面性、均衡性和协调性，以促进儿童的全面发展和综合能力的提高。首先，全面的观点意味着不能偏废知识、情感态度和行为培养的任何一个方面，要综合考虑儿童的认知、情感和行为发展。其次，均衡的观点强调三方面的比例要恰当，避免过度强调某一方面而忽视其他方面。此外，课程内容还应相互融合、彼此协调，形成一个有机的整体，使各方面的内容相互支持和促进。最后，根据儿童的关注点和兴趣，可以设定适当的课题和活动，创造性地组织跨领域的内容。这样既可以尊重儿童的精神，促进儿童道德、智力和体格的发展，又能达到动态平衡的状态。

（上海市嘉定区星华幼儿园　杜怡雯）

第四章
课程空间平衡及其实现策略

儿童是空间的存在者，幼儿园课程有必要从儿童的角度优化课程空间。依据课程平衡原理，从社会空间与物理空间、伦理空间与符号空间、封闭空间与开放空间等三个角度构建课程空间平衡模型，采取串联式情景策略、链接式体验策略和运用式弹性策略，系统推进课程空间平衡。

当今社会，幼儿园课程要发展，要满足全面发展的理念，即德、智、体、美、劳五育并举、全面发展。通过课程空间平衡，支持儿童在任意的时间、地点、方式进行活动，为师幼提供学习体验、内容适配和教学效率高的教育供给。

一、课程空间平衡的意义

社会学在建立之初就对社会生活中的空间现象或空间问题开始了研究，孔德、迪尔凯姆和齐美尔等经典社会学家都阐述了自己的空间社会学观点。孔德认为实证社会学研究的唯一特性是"到处由相对代替绝对的倾向"。绝对的倾向是德国古典哲学的抽象思辨，而相对的倾向就是在特定的空间范围中开展脚踏实地的实证研究。孔德社会学思想的空间意识还体现在实证社会学的追求目标上。[①]

齐美尔认为：社会是由个人间互动创造的处于永恒生成过程中的，具有特定形式的真实存在的综合体。社会交往可以划分为不同的形式，参加交往的人们也划分为不同的种类。

近年来，我国一些中小学也提出了"空间即课程"的表述，并进行了相应的实践。将课程视为空间意味着我们已经让课程从平面的二维图像进入到空间的立体图像。以空间为基础的课程框架改变了我们对学校教育的印象，使之偏离了传统的行动轨迹。[②] 行动轨迹的说法将我们关于学校经验的讨论限制在"如何"做某事或最佳实践上，它们排除了学生应该拥有的经验，忽视了我们需要的支持条件，以确保学生具有丰富的教育经验。"将课程视为空间"提醒我们，学校教育始终受到历史、文化和政治的影响，并根据学生的鲜活经验展开。强调课程的空间性，就是强调学生的经验与意义的重要性。课程研究的空间转向既拓展了基于

[①] 刘少杰. 从物理学到现象学：空间社会学的知识基础转移 [J]. 社会科学战线，2019（9）：225 - 235.

[②] 徐岩，郝雪婷. 基于心流理论的博物馆公共空间设计研究——以首都博物馆为例 [J]. 建筑与文化，2023（11）：38 - 41.

文字和学科知识的课程理论，也将为基于行动、经验的实践类课程提供较好的工具和思路。

我们把儿童的空间规划为不同的区域：星"艺"廊、星"光"馆、星"剧"场，借助周遭环境和人文的支持，通过家、园、社联动，通过"3C"实施路径，即"串""传""穿"等，融合于一日活动中，帮助儿童获得多种体验。课程空间平衡促进儿童课程的实施不断丰富、丰满，促进儿童个性绽放、多元发展，让每一颗星星都绽放自己生命的精彩，并拥有绚烂多彩的童年。

"串"——以培育完整儿童的视角展开课程。课程串起了整个儿童阶段，是儿童通过自身的发现、探索、互动等串联了自己的经历和经验，是儿童编写、丰富、丰满自身故事的体验和感悟，以及儿童自主实现生命成长的过程。

"传"——课程以"传承、传递、传达、传媒"等方式，让儿童在不同场域的环境和情境中传情、传言、传思、传为，让儿童故事悠长地传递、传颂、传扬、传唱。

"穿"——尊重儿童的理论、理解儿童的思想、立足儿童的视角、穿梭儿童的想象，自由穿越！从过去到当下，由当下到未来，穿越自我、穿越空间、穿越世界。

所谓课程空间平衡，是指当儿童处于特定的学习空间环境时，培养他们的归属感、目标性和能动性，他们的学习动机就会增强。因此，应以课程空间的平衡为基础，将儿童在不同空间中的体验与其所生活的家庭、社区联系在一起，从而着力助推儿童全面发展。课程空间设置模式是开放式的，不再以传统的五大领域来划分，而是随着儿童在课程体验中不断产生、调整、再发现、不断探索和积累新的经验；这种课程是在不断"生成"中的，课程目标是教师和幼儿园一起建立的，并随着教育活动的具体情况而改变，具有动态性，与之相对应的课程评价也是可变的。因此，课程也不仅仅是文本课程，随着空间的转变，更多的是儿童的亲身体验，以及将教学目标统合在一起的整合性课程。

二、课程空间平衡模型

我们认为幼儿园课程空间平衡主要是在社会空间与物理空间、伦理空间与符

图 4-1　课程空间平衡模型图

号空间、封闭空间与开放空间中开展的，根据儿童的年龄差异有所侧重，并关注它们之间的平衡。课程空间平衡就是确定课程空间之间的连接与架构及其平衡。因此，幼儿园课程空间平衡可以总结为社会空间与物理空间的平衡，伦理空间与符号空间的平衡、封闭空间与开放空间的平衡。（见图 4-1）

左图中，三类课程空间平衡的具体内涵如下。

（一）社会空间与物理空间

3—6 岁儿童在具象的情境下，才会对时间、空间、身体及感觉、感知等现象和话题感兴趣，从而有继续探究的欲望。在当今社会生活信息化和网络化大规模发展的形势下，随着幼儿信息化技术 2.0 版的推动，园方会为班级提供更多高科技的人工智能教玩具，如：小米音箱、录音笔、天猫精灵、平板等，这些都是儿童能进行简单操作的智能产品，为物理空间和社会空间的融合架起了沟通的桥梁。特别是在信息化技术和网络的助推下，不仅知觉、表象在信息交流与网络沟通中发挥了越来越重要的作用，音乐、图片和短视频、快闪等情感沟通、影视图像或知觉表象的网络交往变得日益活跃，在儿童课程中的社会空间和空间关系也发生了深刻的变化。儿童不再全面依附教师的教授（知识的传递），他们还会在各类活动中借助各类高科技产品，通过信息交流或网络获取新知识，出现了卡斯特所论的"无时间之时间"，并且还产生了内容无限丰富、范围无限广阔且教师无法预知的社会空间。因此，在儿童课程空间中社会空间与物理空间发生了在场与缺场的双重分化。（见图 4-2）

图 4-2　社会空间与物理空间平衡图

（二）伦理空间与符号空间

幼儿园课程的建构的空间就是幼儿园里的社会空间，它首先是一种伦理空间。

一是儿童课程目标决定了儿童空间具有伦理性，儿童课程体系的目标主要就是伦理规范和教学目标，这是儿童所预期和建构的伦理。儿童的课程体系建构就是让儿童所有的一日活动都与这一伦理目标相匹配。因此，整个儿童空间就形成了这些伦理规范，成为了伦理空间。

二是儿童的空间自身就具有伦理内容，其典型代表就是儿童德、智、体、美、劳的"五育"活动。儿童的各类活动都融合在五育活动中，各类活动有鲜明的空间属性，凸显了儿童课程空间与各类活动之间的关系。

三是儿童的空间里充满各种符号，对学前3—6岁儿童来说，各类符号是儿童的"语言"，例如，校园内到处都是各类儿童自己设计、制作的符号，这些都成为儿童的通用"语言"。在儿童伦理空间与符号空间的双重作用下，校园文化的创建，校园环境的创设，校园环境中的各类设施、各项社会实践活动等，都不断地影响着儿童的感受与认识，并形成了一种伦理空间体验。（见图4-3）

图4-3 伦理空间与符号空间平衡图

（三）封闭空间与开放空间

我们将班级比作一个封闭式空间，班级里的一日活动百分之五十及以上都是在班级内实施的。把班级以外的空间比作开放式空间，在开放式空间里，通过1+N模式进行一日活动。1是指儿童个体，N是指除班级同伴之外的人和事、物、空间等，通过1+N模式实施幼儿园课程。走一走：走出教室，儿童寻找发现各类场馆；看一看：看到不同的环境、场地、材料，激发儿童的学习兴趣；查一查：通过现代化的科学技术查询并解决儿童自己的困惑；说一说：讲述儿童作品中的故事、作品创作过程中的故事、为了解决问题的故事或前因后果的故事；玩一玩：与材料、环境发生互动，激发儿童探索的好奇心；做一做：将各种材料进行组合并变成一个新的玩具；演一演：自导自演传统故事或自己创编的故事；秀一秀：将自己的作品成果进行多元化的展示，如：画展、走秀、表演等；帮助儿童获得有益的学习经验，以促进其身心全面和谐发展。（见图4-4）

总之，在儿童课程实施的过程

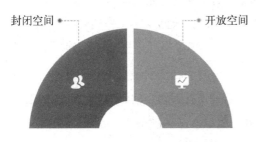

图4-4 封闭空间与开放空间平衡图

中，课程空间平衡有利于管理层重新审视对课程的领导力，有利于教师重新认识自己在课程中的地位，有利于儿童在课程中的自主发展。

三、课程空间平衡的基本策略

为了实现学前教育课程在社会空间与物理空间、伦理空间与符号空间、封闭空间与开放空间之间的平衡，我们有一些具体做法。下面，我们从课程空间平衡策略的角度进行阐述。

(一) 串联式情景策略：在社会空间和物理空间之间

串联式情景策略，就是课程各空间之间的联动，空间区域单一个体活动是单一向众体纵深交错发展的。我们不再受一个单一空间的限制来影响儿童的活动，而是鼓励儿童利用幼儿园甚至园外的各类空间实施课程，让儿童作为儿童课程的主人。

一是打造认知体验空间室。儿童的活动室是儿童在园活动的一个重要空间，各种专用活动室的装备和空间设置对儿童的学习和发展起着至关重要的作用。活动室空间的打造基于五大领域，结合德、智、体、美、劳"五育"活动开展，例如，图书室、建构室、生活室、美工室、劳动室等，专用活动室的建构要和课程链接，与主题活动、节日活动和一日活动紧密结合，有机渗透到儿童的一日生活与学习中。

二是建立跨班级经验的情感空间站。儿童打破班级之间的界限，鼓励不同年龄段的班级根据当前主题或兴趣，从预约到儿童自选再到定向机动升级，通过同级、跨班级的交互，让每个儿童得到最大化发展和最广度、深度的体验。同时，教师还会根据儿童的需求，支持儿童陆续进行混班、混龄活动，以机动和自选的方式，打破不同年级的界限，促使儿童在全园不同年龄交互、经验交互、思维交互中得到发展。

三是构建园内外交错的人际空间网。这里的人际空间是指人与人之间、班级与班级之间所建立的联系和关系。微观上而言，有师幼之间、幼幼之间、幼工之间（幼儿园里的各类工作人员，如厨师、门卫、保健教师等）的人际关系的打造。宏观上而言，人与人之间的关系还有儿童与儿童以外的关系，如儿童与社区、消防员、小区居民等之间的人际空间。

因此，将课程空间有机与人串联，与空间串联，儿童将无限创造出新的经验与体验，提升课程的整体水平。

[案例4-1]　　落叶的秘密

案例背景：

在秋天午后的户外活动时间，道路上散落着三三两两的落叶，有的小朋友看到以后立刻踩了上去，并说道："叶子踩上去有声音"；有的小朋友捡起落叶观察并说道："我要拿回去送给我妈妈"；还有的小朋友抬头看着道路旁的树说道："这叶子是从这树上掉下来的。"看到孩子们对落叶的兴趣如此浓厚，我说："你们知道落叶为什么会落下来吗？"基于我提出的这个问题，孩子们开始了一系列的激烈讨论和思维碰撞。也正是如此，探索落叶的秘密活动开始了……

案例一：落叶为什么掉下来？

片段一：

当我提出"落叶为什么掉下来？"的问题后，孩子们你一言我一句地回答了起来，孩子们的回答千奇百怪……

这时候，念念说道："我不知道落叶为什么会掉下来，毛老师肯定知道。"

毛老师是幼儿园里帮助我们清洁外环境的老师，孩子们来园和户外活动时都能看到她的身影。我听到念念的想法后立刻表示支持："你可以去问问毛老师，或者也可以问问哥哥姐姐，看看他们知不知道。"

于是，孩子们纷纷跑去问毛老师："为什么落叶会掉落呀？"毛老师回答道："是因为秋天到了，大树给不了叶子营养，树叶吸收不到营养就自然掉落了。"

还有一些孩子跑去问了大班的哥哥姐姐，但当我在活动结束后的分享环节请去问哥哥姐姐的那些孩子们说一说他们得到的答案时，却没有人能说出。这让我很疑惑，随即问道："孩子们，你们不是跑去问哥哥姐姐了吗？他们回答你们了吗？"孩子们说道："回答了。""那你们说不出是因为忘记了吗？"孩子们纷纷点头。听到这个回答后，我及时追问："有哪些小朋友能够想出帮助他们记下答案的好方法呢？"

惟惟立刻说道："我知道，让他们带着纸和笔记下来。"

这时候去问哥哥姐姐问题的小朋友说道："可是我不会写字啊，怎么记？"

艺艺说道："可以用我们教室里的录音笔。"

谦谦听到后立马同意表示："我要用录音笔去问。"

教师发现：

（一）儿童的已有经验

1. 与人交往的能力

儿童在一日生活活动中了解园内各职工的工作内容，基于了解的情况主动与园内各职工进行交流，通过与不同层面的社会人员相接触，增强其多方面的社会经验。

2. 解决问题的能力

当同伴遇到困难时，儿童努力想办法帮助同伴解决问题。通过生生互动，儿童不仅增进了同伴之间的情感，也在生生互动中有了信息交流的过程。

（二）儿童缺少的经验

孩子们缺少运用各种已有材料进行谈话记录的方法。

教师思考：

1. 利用园内外交错的人际空间网。儿童不再仅仅依附教师单方面的教育引导，他们会在各类活动中，在师幼之间、幼幼之间、幼工之间（幼儿园里的各类工作人员，如厨师、门卫、保健教师等）的人际关系中互相产生社会效应。

2. 给予儿童寻找真相的机会。当儿童在活动过程中产生疑问的时候，教师尽可能地将寻找真相的机会提供给儿童，让他们带着疑问自己去寻找答案。在这个过程中，儿童获得的不仅仅是答案，还有儿童语言表达、社会交往、逻辑思维等经验的发展。

3. 以幼幼互动为主解决问题。当儿童因为时间长、内容多等因素忘记了内容时，可以在分享交流的时候先请其他儿童来帮助，幼幼互动，共同经历抛出问题、解决问题的过程。

片段二：

在自由活动的时候，谦谦拿着录音笔跑来问我："陈老师，我能去问哥哥姐姐吗？"我回答道："当然可以，你准备和谁一起去呀？"谦谦回答道："我和惟惟一起去。"我提醒他们要注意安全后，就让他们俩结伴离开去询问哥哥姐姐了。

过了一会，他们满脸笑容地回来了。

我问道："你们去哪个班级问了呀？"

两个孩子立刻跑来告诉我："陈老师，我去问了大三班的哥哥，我知道落叶为什么会掉下来了。"

"为什么呀？"

"因为天气变冷了，植物会暂停光合作用，把树叶里的养料吸收回树茎并储藏起来，就像熊要冬眠一样。"

在集体活动的时候，谦谦小朋友拿着录音笔开心地走到集体面前说道："我今天和惟惟一起去大三班，大三班的哥哥告诉我们落叶为什么会掉下来了，你们听我的录音笔录下的内容。"接着，谦谦播放了录音笔中大三班哥哥的回答，小朋友们都认真地听着录音。

教师发现：

（一）儿童的已有经验

1. 合理利用信息化技术

幼幼互动后，儿童自行选择是否采纳同伴之间给予的建议，并在经过自己的思考的基础上，合理利用录音笔进行所需行为的材料准备。

2. 愿意分享获得的答案

儿童借助不同材料进行所需要的活动后，愿意将自己了解到的事情进行分享交流，这不仅仅是在集体面前的一次分享，更是幼儿在集体面前展现自我的一种能力。

（二）儿童缺少的经验

除了录音笔，还可以通过不同信息化技术丰富儿童的经验。

教师思考：

1. 建立跨班级经验的情感空间站

当问题的解决者是孩子自己时，会带给他们更强大的自信心与更丰富的社会、知识经验。在片段二中，谦谦的好奇心驱使他想去解决问题的积极性更强了，在与同伴一同跨班级去到大三班时，跨班级经验的情感也随之增加。根据幼儿的需求，教师支持幼儿进行混班、混龄活动，机动和自选的方式，打破了不同年级的界限，促使儿童在全园不同年龄交互、经验交互、思维交互中得到发展。

2. 运用信息化技术建立桥梁

随着幼儿园信息化技术 2.0 版的推动，园方为班级提供了更多高科技的人工智能教玩具。在片段二中，谦谦用录音笔记录了哥哥的回答，这是儿童能进行简单操作的智能产品，也为物理空间和社会空间的融合架起了沟通的桥梁。

3. 利用社会交往积累经验

当儿童不再受一个单一空间的束缚去寻找到答案的同时，其获得的成就感与经验也是无法通过教师给予他们的，而且，在得到答案之后，儿童主动分享的行为更是肯定了在一定的时刻教师应该要放手让儿童掌握主动权。

案例二：落叶为什么是不同颜色的？

第二天户外游戏的时候，孩子们对地上的落叶更加感兴趣了。佳佳左手拿着绿色落叶，右手拿着红色落叶，看着我问道："陈老师，为什么这片落叶是红色的，这片落叶是绿色的？"

"我也不知道，但是我们可以去问一下班级里的智慧小能手。"我回答道。

回到教室后，佳佳立马跑去问了小米音箱，其他孩子也一起围了上去。听到小米音箱给出的答案后，佳佳说道："原来落叶还有黄色的、橙色的，陈老师，我们幼儿园有黄色的落叶吗？""没有这个颜色落叶的树。"我回答道。为了让孩子们能够了解不同的树与落叶，接下来的一周，我发了班级群通知，鼓励家长共同参与其中，孩子们可以在幼儿园、小区或者外出玩耍的时候捡一捡不同颜色的落叶，并带到班级中。

教师发现：

（一）儿童的已有经验

1. 灵活运用信息化技术

当有问题需要解决但同伴与教师没有办法及时给予详细回答时，儿童能在教师的引导下，运用班内的小米音箱进行全方面解答。

2. 大胆表达自己的问题

幼儿在观察落叶并发现落叶有不同的颜色时，敢于及时表达自己的问题，并在活动过后依旧有着探索欲。

（二）儿童缺少的经验

儿童不了解落叶与不同品种的树之间的联系。

教师思考：

1. 社会空间上的不断转变

通过这段时间的观察，教师发现落叶是儿童近期相对感兴趣的内容，也是这个季节里的自然材料。所以，家园结合，通过亲子形式将落叶作为亲子互动的内容，让儿童能接受且能增长经验的活动从幼儿园扩大到社区及社会。此外，让家长参与其中，也能让家长感受到不同空间带给孩子的知识与情感是各不相同的。

2. 信息化技术的物理运用

当幼儿有疑问但是教师不能够完美回答的时候就需要运用到信息化科学技术。不同的社会空间与物理空间相结合，儿童能从中获得新的经验与体验。

案例三：落叶衣服

在个别化学习活动的时候，凡凡拿着落叶，但是一直在材料区徘徊着。我等了很久，走过去询问道："凡凡，你想用落叶做些什么呢？"

"我想要做一件落叶衣服，但是柜子里的手工纸都太小了，没办法穿在身上。"凡凡说。

"那你有没有想好用什么材料，想好的话，可以告诉我，我来想想办法。"我说道。

"有布才能做衣服，不然不能穿在身上。"凡凡回答道。

"凡凡，那你想想幼儿园哪里会有布这种材料呢？"

"早上我们去过的星艺廊有布。"凡凡说。

"那你可以慢慢地走过去拿取你想要的材料。"

凡凡听后开心地跑去了，不一会儿，我看见他拿了一块亮闪闪的布回来了，并对我说道："我选好布了，现在开始要做落叶衣服啦。"他不再犹豫，而是拿着双面胶和落叶一片片慢慢地往布上粘贴着。

教师发现：

（一）儿童的已有经验

1. 知道自己所需要的材料

儿童在个别化学习的过程中，有明确的目标，知道自己所需要的材料是什么，在材料区徘徊时，就是在思考哪些材料可以使用。

2. 熟悉各种材料摆放的区域

在教师的引导下，儿童很快想到园内的星艺廊里有布材料，说明儿童对园内材料的了解度高。

（二）儿童缺少的经验

儿童需要在教师的引导下才能想到利用其他区域内的材料进行学习。

教师思考：

1. 儿童空间的串联

当儿童了解园内环境、材料以及离班后的注意事项后，可以先让儿童告知教师所需材料以及所需去的场域，然后再大胆放手让儿童自行前往，而不是仅限于教室内的单一空间。将儿童空间归还予儿童，因为儿童才是幼儿园里的主角。

2. 支持儿童的想法

当儿童犹豫的时候，我没有立刻前去询问，而是想让儿童有自己的思考，并在思考的过程中可以明确自己所需的材料。当儿童提出缺少材料的同时及时给予引导与支持，并鼓励儿童合理运用园内所有社会空间以达到儿童全面和谐发展的目标。

（上海市嘉定区星华幼儿园　陈倩）

（二）链接式体验策略：在伦理空间与符号空间之间

链接式策略是指儿童将幼儿园中的伦理空间，通过自己已有经验的认知与理解，运用符号命名、重新定义空间名称，从中体验、感知并链接到新的认知和经验点，满足儿童不同活动的需求和发展的一种策略。

一是伦理空间与符号空间弹性切换。儿童课程的实施将学校的整体空间转换为个体的空间，随之而来的是萌生出自由与规则、差异与统一、自我与他人等空间伦理问题。儿童课程形成的空间平衡能够统一、平衡甚至于融合这些矛盾体系之间的关系，使之成为促进儿童全面发展的空间，这一空间就成为了一种弹性空间。

二是伦理空间与符号空间个性交换。如果说每一次集体教学活动的设计是幼儿教育者的空间实践，那么课程实施则是教师与儿童之间的空间实践。在集体教学活动中，教师提供各类图片、音乐、问题互动作为完成一次集体教学活动的目标，但是一次集体教学活动结束后，老师带着儿童通过对话、听故事、参与各种低结构活动，一一去感知、体验，从而逐渐从陌生到熟悉、从抽象到具体，慢慢将伦理空间转换成为一种儿童的直接经历的或生活经验空间——地方。

三是在伦理空间与符号空间自由转换。整个幼儿园的空间由成人设计，成为了儿童能够感受、满足儿童各类活动的功能性场所。但是人文空间是一种空间表象，是一种用符号和图像构建起来的概念空间，儿童可以在这些"不可见"的空间资源内，通过自己设计符号，命名、定义各类空间的名称、规则、要求等，实现伦理空间与符号空间的自由转换。

总之，伦理空间与符号空间的转换是儿童从抽象走向具象的过程，应借助对周围事、物的理解、重构，构建出属于每个儿童个性的、独有的课程空间。

──────────── ［案例4-2］ **青花瓷博物馆** ────────────

案例背景：

在大班主题《我是中国人》中，有"青花瓷"这个站点。围绕着这个站点，我们和儿童一起在教室里布置了一个青花瓷展览区，里面有我们与儿童共同收集的盘子、花瓶、水缸、筷子等青花瓷制品，逐渐形成了一方青花瓷天地。随后，在青花瓷天地中，儿童不断创作出新的青花瓷作品。青花瓷作品越来越多，小小的青花瓷角落已经放不下了。于是，青花瓷开始在班级的各个角落中"全面开花"。因为东西很多，孩子们想要开一个青花瓷博物馆。于是，一场关于青花瓷博物馆的布置开始了。

实录一：

诠诠与莹莹在布置青花瓷博物馆，诠诠负责把展品进行归类摆放让它们看起来更整齐点，莹莹则负责制作标记。

"我把靠墙的这里摆成了花瓶区。"诠诠对莹莹说。

"好的好的，花瓶。"莹莹说完在纸上剪出一个小小的花瓶形状，随后又拿起蓝色水彩笔在"纸花瓶"上仔仔细细地画起了青花瓷的花纹。

诠诠："我们在这里放盘子吧。"

莹莹："好的，好的。等我先画好。"

诠诠："我们在这里放青花瓷花纹的布吧。"

莹莹还在画着纸花瓶。

诠诠："你这样画太慢了，我都快把场地布置好了，你一个标记也没做好。""我要让人家看懂嘛。"莹莹还在努力地画着。

诠诠："不用这么仔细的，只要让人家看懂这里是展览什么的就好了。像这样随便画几笔就可以了。"诠诠一边说一边在莹莹的画上比画着，莹莹被诠诠说动了，快速地完成了第一幅作品。

他们把花瓶标记贴在了第一个花瓶摆放的柜子的下面。"这个太小了，根本就看不到。"莹莹对诠诠说。"没关系的，这里都摆着花瓶，别人一看就能看懂。"……就这样，莹莹和诠诠很快完成了博物馆的布置。

"博物馆开张啦，大家可以来参观啦。"莹莹和诠诠吆喝着，这时，一旁的小许走了过来，并问莹莹："今天，你们展览得最好的是什么？""是花瓶区。"莹莹赶紧回答。于是，小许走到了花瓶区，问莹莹那个最大的青花瓷花瓶是怎么制作的，莹莹赶紧有板有眼地介绍了起来。可莹莹还没介绍完，小许又问另一个有一点歪的花瓶是怎么制作的、小小的花瓶是怎么制作的，莹莹根本来不及介绍……

教师发现：

（一）儿童的已有经验

1. 博物馆的伦理认知：博物馆的展品是按照一定的规律与特点摆放的

从互动中我们可以发现，案例中的儿童对于博物馆展品成列的空间位置具有一定的经验，他们知道将同类的物品摆放在同一空间内进行展览，有一定的伦理空间认知。师幼之前关于博物馆的空间设置及场馆布局有过一次视频分享，因此，儿童对此是有概念的。在博物馆运作期间，莹莹还给客人小许"讲解"博物馆里每个作品的制作经历，也反映出了儿童对博物馆的伦理认知是相对充分的。

2. 儿童认为的博物馆的符号更多是具象、具体的

从案例中莹莹制作的花瓶标记中可以看出，莹莹认为的博物馆的标记物是非常具体、形象的，是与展品有着直接关系的符号。这一经验也是从幼儿园的一日

生活中所反映出来的，例如，在幼儿园中，我们常根据物品的种类，配上形象的标记进行分类。

（二）儿童缺乏的经验

1. 在符号空间上，儿童缺乏多维度符号的认知

从案例中可以看出，儿童的符号表现形象、具体，但是从儿童之间的互动中我们可以发现，形象、具体的符号空间不能满足当下儿童的需求。他们需要的是一种多维度的符号：可以是打破常规分类的抽象符号；也可以是不同形式的符号，如多媒体。同时，在符号的使用上，不仅可以用作分类，也可以用作对青花瓷的描述上。

2. 儿童的分类经验更多停留在外显的维度上

从案例中儿童对博物馆物品的摆放分类，以及制作的符号表示中可以发现，儿童的分类经验较为单一，以外显的特征为主，缺少深层维度的分类。青花瓷博物馆的展览摆放，一方面是儿童艺术创造力的体现，另一方面也是儿童数学思维特别是分类思维的体现。因此，可以提示儿童更多样的分类方式，让青花瓷博物馆有不一样的呈现。

教师思考：

案例中儿童的行为，让我不断地思考：如何有针对性地推动儿童所缺乏的经验的发展。这时，我想到的是交流分享的力量。我准备通过交流分享了解以下三点内容，即从伦理空间上了解儿童对博物馆的认知：一是儿童对于青花瓷花纹的知晓程度；二是全体儿童的分类想法是否都拘泥于微型特征；三是在符号空间上，儿童还需要使用哪些符号来装饰青花瓷博物馆。

在与儿童交流分享后，我了解到，儿童发现青花瓷的花纹是有一定特点的，有的上面是龙和狮子，有的是鱼，也有的是植物花草，都是生活中、自然界中较多物体的花纹。同时，在交流分享中，儿童也表示展览可以按照花纹的样式进行摆放，这体现出的是儿童思维的进步。

在符号空间上，儿童主要基于自己参观博物馆的经验，例如，他们提到博物馆每件艺术作品边上都有介绍与讲解，因此他们也希望他们的作品能被同伴知道是怎么做的，除了贴上自己画的表征符号外，也可以用录音笔、语音小盒子录下自己的讲述。此外，儿童还提出了一个关键的问题，他们希望青花瓷博物馆能够

引来别的班的小伙伴的关注，博物馆能走出教室。

针对儿童的这些需求，我在之后的青花瓷博物馆活动中提供了多媒体的符号媒介：录音笔和平板、语音小盒子。同时，我们也把我们的博物馆从教室推向了星"艺"廊。

实录二：

孩子们再次开始如火如荼地布置起了青花瓷博物馆，这次他们把教室里的青花瓷搬到了星"艺"廊中。孩子们分小组进行布置，分别为：人物纹饰区、龙纹饰区、花卉纹饰区。莹莹和诠诠再次合作，这次他们负责的是人物纹饰区，莹莹又开始准备在纸上画蓝色小人。这时，诠诠及时制止："你怎么又开始画了？这个标志上次都没人看。"

莹莹："我要告诉大家，我们这里的青花瓷上都有一个个小朋友，是小朋友馆。"

这时，小许走过来说："要做一个招牌。"

莹莹："对，招牌！小人馆的招牌。"

于是，三个孩子忙活了起来。在另一旁的"天龙馆"中，小许在摆放自己的盘子，同时拿起平板拍摄了起来，一边拍还一边介绍自己的盘子："在盘子的中间，是一个龙头，边上全是龙的身体，盘旋在盘子边上。"

几个孩子都在忙着做标志符号，就在大家热火朝天的时候，倩倩对瑶瑶说："你最想从博物馆的哪里开始参观？"

瑶瑶："我想看天龙馆，天龙馆里有个盘子特别好看。"

倩倩："我最想去看的是花花草草馆里的一个花瓶，那是我自己画了好久的。"

倩倩："可是我们知道哪里好看，别的班的小朋友不知道呀，我们要做一张介绍图。"

瑶瑶："对对，告诉他们有些什么馆，什么馆里的哪个展览品最好看，我记得我去博物馆参观的时候也是这样的。"

倩倩："那我们一起来做游览地图吧。"

说完，两个孩子开始制作起了游览地图，只见她们仔仔细细地画着星"艺"廊里的每一样东西，每一样东西都画了很久……

教师发现：

（一）儿童的已有经验

1. 儿童对园内的空间有归属感

从案例中可以看出，儿童自主地在星"艺"廊里布置起了青花瓷博物馆。在这个过程中，我们感觉到儿童认可了幼儿园，他们认为自己是幼儿园的主人，可以对幼儿园里的活动室进行新的赋能。因此，他们自主布置星"艺"廊，自己决定在哪里展览什么内容。

2. 儿童的符号表现逐渐抽象

在上述实录中，儿童在制作博物馆的标识的时候，从最初的详细表示变成了简单快速、多样的呈现。多媒体标识的出现说明儿童对符号的认识，已经不仅仅只停留在图画符号上了，更多维的符号逐步展现了出来。

（二）儿童缺乏的经验

在儿童制作游览地图的时候，我们又发现儿童创作的符号开始变得更为具象了，也就是说当前儿童对于复杂常见的符号表现，会通过更具象的方式表现出来，以求能表达清楚，所以他们的关注点是用符号"说清楚"。"说清楚"与"让人看懂"之间的不同，就是一个详细到简化、具象到抽象的过程。因此，我们要给予儿童更多的符号空间，支持他们进一步的抽象表现。

教师思考：

不仅是青花瓷博物馆里的导览图，其实整个幼儿园也是需要各种导览图的，大到每个班、运动场地的位置，小到垃圾桶的位置，这些导览图的呈现正是符号空间与幼儿园伦理空间的有机结合。因此，教师下一步应引导儿童共同创作各种导览图，让儿童的符号空间充满幼儿园的各个角落，让儿童的痕迹充满整个幼儿园。

（上海市嘉定区星华幼儿园　顾雯婷）

（三）运用式弹性策略：在封闭空间与开放空间之间

在幼儿园中，封闭空间与开放空间是相对的，不是绝对的，教师根据儿童活动的内容、儿童的年龄特点、儿童的需求弹性地选择和设置封闭空间与开放空间。

一是空间设置多元化。随着幼儿园各类活动室功能的增加，儿童已经不满足单一功能的活动室对儿童课程空间的需求。课程空间多元化是课程发展的趋势，幼儿活动空间、活动室的功能不再单一，提供的材料以低结构、共性材料为主，根据儿童的需要随时变化课程空间以达到课程平衡。

二是空间组合多样化。目前，幼儿的空间设置基本分为两类，一类是教室满足儿童一日生活的基本需求，另一类是各类活动室、运动区域，丰富儿童的课程设置。通常情况下，园方会通过课程安排统一对课程空间进行统筹，从活动室安排表到运动区域安排表等，事无巨细，保证各班级作息流畅。现在我们不局限于每个班级的活动空间，既有统一的课程安排，也有自发的预约式，通过多种空间组合的模式，大大激发教师对幼儿园空间的利用率，每个空间的组合不再单一，而是多样化。

三是空间设置灵活化。对于幼儿园的空间设置不再以建构室、图书室等单一功能的名字命名，空间设置灵活化，从而更加能够激发儿童课程的发展，教师和儿童可根据当前的主题或兴趣自发地对课程空间的名称进行命名，如：青花瓷博物馆、西游记走秀等。

封闭空间与开放空间介于有形与无形之间，盘活整个幼儿园的场所、场地，灵活运用各类课程空间，助推幼儿园课程发展。

———————— ［案例4-3］　橘子大发现 ————————

案例背景：

秋天到了，在主题《苹果，橘子》的开展中，小班的孩子们发现幼儿园的橘子树上长了许多橘子，并提出想要自己动手摘橘子，对橘子的兴趣也越发浓厚。由此，孩子们开始了对橘子的探索之旅。

活动过程实录：

儿童课程空间实践（一）

在集体活动《苹果歌》的学习过程中，孩子们唱着《苹果歌》，还根据自己吃过的水果，创编了《橘子歌》《香蕉歌》《柚子歌》等。安安举手说："傅老师，我们幼儿园里也有橘子，我看到了。"其他孩子也抢着说："就在我们教室后面，我散步看到很多橘子。"麒麒说："我喜欢吃橘子，橘子很好吃的。"其他的孩子也附和着说："傅老师，我也喜欢吃，我们去把橘子摘下来吧！"

我问孩子们："哪里有橘子树呢？"

孩子们说，"我们教室门口有棵橘子树"，"我乡下院子里有橘子树"，"我们小区里有橘子树，我和妈妈散步时看到了"，"我奶奶家的老房子里有橘子树"，"我和爸爸去的水果园里有橘子树"。

我问孩子："那怎么把橘子摘下来呢？"孩子们说："我跳起来就能摘到！""我用手摘啊！""我爬到树上去摘。"

于是，我带着孩子们来到我们幼儿园的小果园里，孩子们看到满树的橘子开心地大叫起来。

丁咚说："老师抱我一下，我能爬上去。"他抱着果树爬呀爬，怎么也爬不上去。

浩浩说："我力气大，我来把橘子摇下来。"他脸涨得通红，可没能把橘子摇下来。

叮咚说："我们一起摇，力气大，就能把橘子摇下来了"。

大家一起使劲摇，也没有一个橘子掉下来。

我说："看看周围有没有可以用的工具？"

子安说："这里有石头，把橘子砸下来。"

我们让开一段距离，让子安自己试试看，石头扔不到橘子树上，而且容易砸到人，太危险了。

安安说："老师，我捡到一根棍子，我能把橘子敲下来。"她用棍子把树枝压低，用手拽下了一个橘子，安安很开心。

其他孩子也用安安的棍子敲橘子，可是太高够不着。我指着不远处的运动区提醒道："看看那边有没有可以用上的工具。"杨杨、桢桢、桃桃搬来了两个梯子，桢桢爬上梯子，一下就摘到了橘子，桃桃爬上梯子，把树枝拉了过来，不一会儿也摘到了橘子。

教师发现：

（一）儿童的已有经验

1. 儿童知道橘子长在不同的空间环境里

老师提问"在哪里见过橘子树"时，儿童说出了在幼儿园、果园、乡下的院子、小区等不同的地方见到过橘子树。

2. 儿童有高处取物的经验，能够想出各种摘橘子的方法

当我引导孩子们思考摘橘子的办法时，孩子们能想到跳起来摘、用手摘、爬上去摘、把橘子摇下来、用棍子把橘子敲下来、爬梯子摘等多种方法。

（二）儿童缺少的经验

本案例中的儿童缺少摘橘子的经验。儿童在室内想到摘橘子的方法：跳起来摘、用手摘、爬树摘、把橘子摇下来等，但到现场尝试以后才知道这些方法并不管用，即便孩子们尽力跳得高一点也摘不到橘子。此外，爬树对小班孩子来说是很难的，孩子们轮流尝试往上爬但都爬不上去，用摇树的方法也没能成功把橘子摇下来，而且这样伤害树木的行为也是不建议的。

教师思考：

1. 合理利用室内空间，促进儿童深度学习

在音乐活动《苹果歌》中，要使用钢琴为儿童伴奏，而且创编环节需要引发儿童对水果品种的已有认识经验，同时激发儿童创编时的创造性思维。对摘橘子方法的讨论是对儿童思辨能力的培养，是以脑力发展为主的学习，需要避免嘈杂的环境，创造安静便于思考的环境。因此，教室这样封闭的空间更安静、更为适宜。

2. 巧妙转换空间，最大程度发挥开放空间对课程发展的促进作用

大自然是一个开放的空间，儿童在教室的封闭空间里想到的摘橘子的方法较为单一，而在户外开放空间里，各种天然材料和运动区材料等都能使儿童的想象空间更广阔，想到的摘橘子的方法也丰富了起来。当儿童提出幼儿园里有橘子树，且想自己摘橘子时，我及时把握教育契机，满足儿童的好奇心和求知欲，生成了摘橘子的新课程，将课程空间从封闭的室内转移到开放的自然空间——小果园。孩子们在开放的户外空间里将自己想到的办法全都实践了一遍，从而形成对摘橘子的深层次理解，对橘子的探索兴趣也就更浓了。

儿童课程空间实践（二）

今天孩子们来星"艺"廊活动，依依环顾了星"艺"廊一圈，从自然材料区搬来一根落光叶子的树枝，可是这根树枝怎么都站不起来。边上的珺珺从废旧材料区搬来一个大纸箱，依依把树枝插进去，树枝和纸箱都倒了。恒恒把自然材料

区里的小石子装进纸箱，但树枝还是站不直。恒恒把石子拿掉，又拿了一个纸箱把树枝夹住，依依说："你看，不行，还是倒了。"依依让恒恒扶着树枝，她从废旧材料区拿来一个重一些的废旧的桶把树枝装了进去，树枝站住了。依依说："树枝斜了怎么办？"珺珺从布艺区拿来一块布料，塞在树枝边上，恒恒也帮忙一起塞，树枝终于站直了。依依把自己在教室里做好的橘子挂在树枝上；子安从压印工具箱里拿出苹果的压印机，压出了很多"苹果"并挂在了树上；桃桃把自己的橘子画拿到工具区，并压出洞洞也挂在了树上；桢桢把在教室里做好的"柿子"戳在了树枝上；珺珺把自己的大柚子也戳在了树枝上。孩子们看着挂着各种各样水果的果树高兴地笑了起来。

过了一段时间后，孩子们创作出了一片水果林。

教师发现：

（一）儿童的已有经验

儿童有在星"艺"廊内进行创作的经验。

星"艺"廊里有很多教室里没有的材料和工具，布艺区、工具区、绳线区、自然材料区、管道区、瓶子区、废旧物品区等。案例中的儿童在星"艺"廊里游戏时能根据自己的需要，灵活运用不同区域中各种高低结构材料，看得出来，儿童参与星"艺"廊活动的经验比较丰富。

（二）儿童缺少的经验

1. 儿童不知道同一棵树上结出的果子大多是一个品种

从案例可知，由于小班儿童年龄较小，还不理解一棵树只会长出一种果实的常识。他们把各种水果都挂在一棵树上，是因为爱模仿的年龄特点，看到别人做自己也有样学样。3—4岁儿童的认知基本上是在行动中进行的，他们边说自己做的是哪种水果树，就边挂上了那种水果。

2. 让倾斜的树枝站起来的经验不足

案例中的儿童是第一次创作水果树，依依想让树枝站直，这样才像橘子树，可是放进纸箱后，因为纸箱太轻，导致纸箱和树枝一起倒了。恒恒看到纸箱太轻想到用重的东西压着，但是石子的重量不够，高度也不够，所以纸箱还是倒了下来。珺珺用厚厚的布料挡住树枝不让树枝倒下，这个方法成功了。从儿童不断摸索的过程可以知道，儿童对让树枝站直的经验还不足。

教师反思：

儿童生成了创作水果树的想法，在教室这个封闭的空间里，活动区域空间小，材料少，只适合3—5人，人多就拥挤，教室单一的空间已经不能满足孩子继续探究的需要。而星"艺"廊里活动区大，材料多，结构高低不同，不同发展水平的儿童都可以找到适合自己能力的材料，选择的弹性大。因此，星"艺"廊里面的材料更能满足儿童创作的需要，儿童根据需要从星"艺"廊的各个材料区里拿取，也有助于儿童空间、位置感的培养。此外，儿童在搬运、使用材料的过程中发展了大肌肉动作，在制作各种水果的过程中发展了手指等小肌肉群的灵活性。

儿童不理解一棵树通常只会结出一种果子的常识，我也没有急于给他们解释，因为我觉得当下满足儿童的好奇心和愉悦的体验更重要，这样更有利于激发儿童的积极性，保护他们的求知欲，而这个常识我会在日后的观察中慢慢引导儿童自己去观察发现。此外，随着科学技术的进步，也确实有一些嫁接或者转基因植物是可以让一棵植物上长出不同品种的果实的，这样的认知经验需要儿童到大班以后通过成人的引导才能逐渐掌握。

儿童课程空间实践（三）

孩子们戴着在美工区里制作的水果头饰，在表演区里表演了一段时间的水果宝宝服装秀。其中，萱萱妈妈帮萱萱用手提袋制作的一件草莓宝宝连衣裙，吸引了很多孩子，他们都想要像萱萱一样穿着水果衣服来表演。安安说："我们去星剧场里给其他小朋友表演吧！"但是，做水果宝宝的服装对小班孩子来说太难了，我马上联系家长，跟家长说明此次活动是孩子们第一次亮相星剧场，家长和孩子一起制作水果宝宝的服装，让孩子参与力所能及的制作。星"艺"廊里的孩子把做好的水果树搬到星剧场做装饰；安安把一块大的背景板放在舞台正面做背景；孩子们相互帮忙穿上了水果表演服。当动感的音乐响起，孩子们在红毯上开心地扭起小屁股，走到舞台的最前面，每个孩子都摆出了不一样的造型，热闹的场景赢得了小观众们的掌声。

教师发现：

（一）儿童的已有经验

儿童有表演和走秀的经验。

教室的表演角很受孩子们的欢迎，孩子们常常会在表演角里表演舞蹈和歌曲。在主题《苹果，橘子》开展的过程中，孩子们也陆续在表演角里表演水果宝宝，能自己播放音乐并表演，还能创编动作。

（二）儿童缺少的经验

1. 案例中的儿童没在星剧场表演过

案例中的儿童给大班孩子做过小观众，看过他们的表演，但是自己在星剧场表演还是第一次。

2. 制作水果服装超出小班儿童的能力水平

教师在教室的表演角里投放了孩子们制作的头饰，孩子们则把自己带入角色说自己是橘子宝宝、香蕉宝宝。当萱萱回家跟妈妈说要做橘子宝宝时，萱萱妈妈帮她做了一件很漂流的橘子裙子，其他孩子看了都很喜欢，也想要穿上水果服装做水果宝宝。但是，服装制作超出了小班孩子的能力水平。

教师思考：

1. 灵活运用各类课程空间，助推幼儿园课程发展

星剧场是一个对全园开放的空间，每个班都有固定的表演时间段。当儿童都想要表演水果宝宝走秀时，我就带着孩子们到星剧场表演。儿童在星剧场表演的过程中，能大胆地在开放的场所表现自己，还能想出不一样的动作，获得了其他班小观众的热烈掌声，提高了孩子们的自信心和自豪感的同时，也提高了他们对音乐节奏的敏感性。

2. 多种空间组合使用，促进儿童情感体验的提升

我及时与家长沟通，共同助力满足孩子们想表演水果宝宝进行走秀的想法，支持孩子们实现表达表现的愿望，保护孩子们的表演积极性。在亲子制作水果宝宝服装的过程中，孩子们参与力所能及的制作，手指肌肉的灵活性也得到了锻炼，更是一次亲子情感空间的互动。

此外，在"橘子大发现"的探究过程中，我尊重了儿童的视角，尊重了儿童发展的差异性，跟随儿童的需求生成新课程，教育课程也从室内封闭空间转向户外开放空间；将封闭空间（教室）与开放空间（星"艺"廊、星剧场等）串联运用。同时，五大领域的发展内容也渗透在活动的每一个时空中，课程的整体水平显著提升。每个儿童也得到了最大广度和深度的体验，实现了全人发展。

（上海市嘉定区星华幼儿园　傅怀艳）

总体来说，在实现儿童课程空间在社会空间与物理空间、伦理空间与符号空间、封闭空间与开放空间中的平衡的过程中，我们有一些具体的策略，例如，串联式情景策略、链接式体验策略、运用式弹性策略。以上这三个策略提高了教师和儿童在课程实施中的主体性，促进了儿童的全面发展。

（上海市嘉定区星华幼儿园　郑燕）

第五章

课程时间平衡及其实现策略

教育的发生具有时间性，个体的生命时间是儿童教育开展的唯一尺度，个体自主意愿参与的时间是个体全面发展的前提。教育时间是学前教育课程开展的内部结构，也是开展教育实践活动的重要基石。我们从活动转换、张弛有度、疏密有度、前瞻后顾等四个维度研究课程时间平衡，让时间按照儿童生长的自然节律流淌。

当前幼儿园的教育课程时间表现出了"紧缩""高控"的态势，具体表征为教育时间的短时化、隐蔽化和高控化等特点，要缓解幼儿园教育时间这一态势带来的负面效应，即儿童被动参与课程，就需要重拾学前教育中以儿童为本的发展观念，重视课程时间中儿童的主体性，正视儿童内在的自然发展规律，从而加强课程活动时间安排的平衡性，建立课程时间与儿童自然发展之间的和谐关系。

一、课程时间平衡的意义

幼儿园里的教育时间是儿童课程开展的内部结构，也是影响儿童发展的重要因素。郭姗认为，对儿童而言，幼儿园里的教育时间的体验不仅是儿童的生活体验，更是儿童对自己生命的体验。儿童通过在园时间体验认识客观世界，也在其中感受自己的生命节奏和自我发展。但现实中，幼儿园时间的组织化和标准化、结构化使得儿童的在园时间的体验浅表化、客体化和机械化，导致儿童在园时间的主体性缺失，时间对于儿童生命的意义被扼制。[①]

还有学者认为，儿童的时间感被成人影响和塑造，儿童自身也在积极地建构自己的时间经验。为将这种理论性认识落实到教育实践中，应将儿童的主体性时间还给儿童，以此推进儿童的发展。[②]

儿童课程时间承载着儿童教育的推进与儿童的发展，然而，随着教师要在有限的时间内完成教学任务，达成预期目标，以及表现性评价、质量监控和竞争的加剧，对"教师教"与"儿童学"的把控逐渐失调，一种"短、平、快"的儿童发展逻辑时间盛行，使学前教育中的每一个人都深陷无法赶上发展节奏的漩涡之中，更是缩短或替代了儿童自主体验、感知的体验时间，违背了儿童生长的自然节律。

因此，在目前儿童"紧缩""高控""短、快、平"的时间态势下，积极、

① 郭姗. 儿童在园时间体验研究 [D]. 成都：四川师范大学，2023.
② 郭姗，鄢超云. 依附、挑战、标度：儿童与时间互动的主要阶段 [J]. 幼儿教育，2022（36）：24-28.

充足、自主的教育时间是深化儿童活动体验、促进儿童发展的基础，学前教育课程时间应寻求平衡，以儿童能自然接受、内化的形式有节奏地开展，以自主参与、长时感知、积极体验的时间为儿童课程主体时间。

可见，我们认为儿童课程时间平衡的内涵是：时间是以儿童的自主、积极向上而存在，课程时间应给予儿童自主探索的精神空间，从短时高控高效到长时感知获取，从被动学习到自主体验，从集中高密度学习到稀疏均衡学习，从先自学到后他教四个维度平衡的课程时间，从而实现教师充分理解、信任、支持儿童在长期的且更丰富、更充足、更合适的活动时间安排里充分体验、感知、成长，让儿童更快、更好地抵达"自由的快乐成长王国"，让课程时间按照儿童生长的自然节律流淌。

二、课程时间平衡模型

有效地平衡课程时间，重视课程时间的平衡与长期研究策略，适时开展长时教育活动，避免超前、高控、高压、高密度、高无效的课程时间，成为学前教育工作推进的关键。在此，我们从活动转换、张弛有度、疏密有度、前瞻后顾四个维度研究课程时间平衡策略，课程时间平衡模型如下所示。（见图5-1）

图5-1　课程时间平衡模型图

上图中的四类课程时间平衡的具体内涵如下。

（一）活动转换：长课时与短课时

长课时是指按幼儿自然发展规律，合理有效规划、实施幼儿的学习内容、学习形式，在一个较长的时间内达成教育目标，促进儿童身心快乐地成长。短课时是指在固定、有限的时间内，超前、高效、高压地完成教师预设的教育目标。具体来说，它涉及以下几个方面：

一是儿童教育时间具有灵活性。儿童的教育活动时间，遵循儿童的自然发展规律，它不是某个固定的、有规律的时间，而是结合活动内容、形式，形成的一个经历或长或短的行程时间。它包括没有任何外部动作的默想沉思、意识思考的时间，也包括短时速成的时间，还包括长期的实施时间，长课时与短课时在教育活动时间中灵活转换。二是儿童自然发展时间与客观时间失衡。在客观时间的教育进程中，依据儿童的自然发展规律的教育时间往往并没有发生。被规划、安排、固定、分割、压缩的客观时间并不完全真正属于儿童发展的时间，儿童在这种被严格控制的短课时时间里会显得力不从心、负荷超重从而放弃，那么儿童教育的意义很难显现。

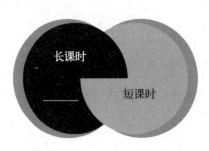

图 5-2 长课时与短课时平衡图

由此可见，儿童课程时间中的长课时与短课时都应遵循儿童的发展规律，不急于求成，不抢学也不压缩学，不早学也不晚学，不夺时也不占时，长课时与短课时相互平衡，遵循儿童生命的时间节奏，不让教育占满时间，避免多任务、多压力，使儿童课程在儿童内在的时间意识里自觉发生。（见图 5-2）

（二）张弛有度：张课时与弛课时

在张弛有度中，"张"是紧张、绷紧，"弛"是放松、松懈，特指师生在教学活动中松紧有度，收放自如的时间。

"张课时"是指以教师为主体的时间，即教师的"教"时。"弛课时"是指以幼儿为主体的时间，即儿童的"学"时。"张弛有度"意味着在儿童教育过程中保持适当的紧张度和松弛度的时间，以确保儿童教育中"多教时间"与"少学时间"的平衡。具体来说，它涉及以下几个方面。

一是指在课程活动时间的设计中，对教师教育儿童积极学习时间的合理安排。如在集体教学活动的设计中，教师有效提问时间的控制，这就是张课时的具体说明。幼儿有效时间，包括幼儿谈话、互动等幼儿学习时间的安排，这就是弛课时的具体说明。因此，在教师的引导、儿童的操作和分享互动之间的时间比例的设置中要松紧有度，并给予教师自主适时调整的空间，这就是张课时与弛课时在活动设计中的平衡。二是指在课程活动的组织中，幼儿参与松紧的时间、教师收放有度的时间。当幼儿在课程活动中，如果有较浓厚的兴趣，持续学习的时间，有违教师在活动设计方案中的时间，或超出预设时间，教师可以通过根据幼儿的兴趣或改变教学内容、环境材料等措施，平衡张课时与弛课时的时间，使活动组织既满足儿童的实际需求，又让教师松紧有度。这就是张课时与弛课时在活动组织中的平衡。

总之，张课时与弛课时是指在教师活动方案的设计、活动组织中，对于各环节的时间设置的力度与时机把握的平衡。(见图5-3)

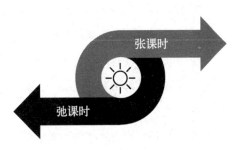

图5-3　张课时与弛课时平衡图

(三) 疏密有度：疏课时与密课时

疏密有度是指有稀疏也有稠密的教育时间，或者是有松散与密集的教育时间。疏是指教育时间宽松不密集，密是指教育时间多、密度大。

在儿童课程时间中，课程内容的情节愈概括，细节愈少，密度就愈疏，此课程的教育时间就是疏课时。反之，课程内容愈具体，细节愈多，密度就愈高，此课程的教育时间就是密课时。有疏有密，疏密相间，顺应幼儿自然的发展节律，就是疏课时与密课时的平衡。具体来说，它涉及以下几个方面。

一是疏课时的具体时间指向。即在某一时间内，安排较多低密度、低结构、低认知或技能要求的教育活动时间，如儿童角色游戏、自主活动、散步、生活活动、研学活动时间等。二是密课时的具体时间指向。即在某一时间内，安排较高密度、高结构、认识目标指向高与强的教育活动时间，如集体教学活动、个别化活动、运动活动时间等。

可见，基于儿童自然的生长节律，儿童教育时间不能以疏课时为主，也不能以密课时为主，应是疏密有度，如游戏时间与集体教学时间的平衡；高结构与低结构时间的平衡；在同一时间段内，高结构活动时间相对于低结构活动时间短，

这也是疏课时与密课时互补融合的一种平衡模式。（见图5-4）

图5-4　疏课时与密课时平衡图

（四）前瞻后顾：先学时与后教时

"前瞻后顾"是指做事谨慎，考虑周到，特指在儿童课程时间中，注意幼儿自主学习休闲时间与他人教授时间的平衡。

先学时与后教时的平衡是"先学后教，以学定教"，是指把儿童的预设体验学习活动置于教师的教学活动之前，主张教师改变传统的面面俱到式的授课方法，在正确识别儿童的兴趣、需求后，删繁就简，合理用力，实施与儿童需求相匹配的有针对性课程时间的平衡。具体来说，它涉及以下几个方面。

一是先学时与后教时的具体指向。先教时为自主体验时间，后教时为分享交流提升经验时间。如幼儿在低结构活动中，先自身体验、发现问题、解决问题，再在集中交流的生生互动与师生互动中积累经验。先学时与后教时的平衡，遵循儿童自然的发展节律。二是先学时与后教时的价值定位。先学时与后教时的平衡，是以儿童发展为本，进行价值本位的转移，从以知识积累为前提的价值取向，转变成以儿童的发展为基础的价值取向，如把"上课"转变为"活动"，把"教室"转变为儿童的"活动室"，还是一切以幼儿的亲身体验活动为主的价值时间定位。（见图5-5）

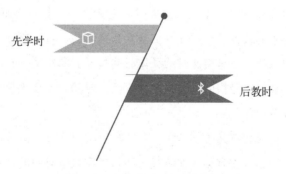

图5-5　先学时与后教时平衡图

总之，儿童课程时间应尊重儿童自然的发展节律和儿童内在的时间体验。排斥儿童生命的"真正时间"，会在现实教育中遮蔽儿童生命的内在发展的本质，阻碍儿童生命意义的实现。有效的课程时间平衡，重视其长期研究策略，有利于教师在"以儿童发展为本"的理念中组织、实施课程，更有利于儿童身心健康成长，它应成为学前教育工作推进的关键。

三、课程时间平衡的基本策略

为使学前教育课程时间基于儿童的自然发展节律与需求，本研究对活动转换、张弛有度、自然节律、前瞻后顾四个维度的平衡进行了探索。在此，我们从课程时间平衡策略的角度对这些探索进行梳理。

（一）活动转换：长课时与短课时

长课时与短课时的平衡策略是将高压、高控、高效的课程时间，转化为一种符合儿童年龄认知特点的，有利于儿童快乐、开心接受，并能促进儿童身心健康发展的课程时间。其具体策略为：一是教育时间的利用方式多样化，促使长课时与短课时平衡。如果教育时间的利用方式单一，幼儿亲身感知的体验单一，那么很难实现长短课时的平衡。例如，有的集体活动，其预期目标可以在低结构活动中实现，那么我们可以调整为一段时间内的幼儿亲身体验的低结构活动。我们将集体活动时间调整为低结构活动时间，这就是长课时与短课时在时间利用方式上的平衡的具体表现之一。二是合理规划教育目标达成的时间，促使长课时与短课时平衡。儿童的发展，应是长期的过程。儿童的发展，不以知识积累多少而定夺，而是以综合能力的提升为准则。如幼小衔接的目标，不是一个月所能达成的，而是从儿童入幼儿园时，便是幼小衔接能力培养的开始。

因此，学前教育时间不急于求成，它在由一个个的现在、当下、长期、时机、契机组成的情境时间连续体中形成。不早学，不晚学，不压迫学，不单一学等，严禁拔苗助长式的超前教育和强化训练，在遵循儿童自然发展规律的过程中，使儿童教育时间的形式多样化，合理规划教育目标达成的时间，促进儿童发展，这就是长课时与短课时的平衡策略。

［案例 5-1］ 平衡"幼小衔接"中长短课时的实践方法

案例实录:

今天,乐乐早上背了一个书包入园,走到班级后,他没像往常一样开始自主活动,看看绘本、做做手工、聊聊天等,而是直接走到个别化站点的桌子边,默默从书包里拿出书本、文具盒、练习本,一脸不开心地开始在练习本上书写。只见他一会瞧瞧其他小朋友,一会动动笔,一会发呆。我问乐乐:"今天怎么背书包来园了?""妈妈让我今天完成一张数字,晚上才接我回家。"乐乐一脸委屈地回答道。接着,他又告诉我,妈妈每天晚上在家教他识字、写字,因为写字慢,所以很晚才睡觉。乐乐说着说着,委屈地流下了眼泪。我建议乐乐放下手头的练习,去选择自己喜欢的事情做做。他欣然地接受,开始自主绘画。不一会,我看到了他脸上开心的笑容。午间,我针对乐乐今天的入园情况约其妈妈放学时面谈,我们针对"幼小衔接的目标与其实施时间长度"等内容进行了探讨,并建议以"绘本阅读"的方式培养乐乐幼小衔接的能力,其略有所思所感。虽然乐乐今天并没有完成妈妈的书写要求,但在我和妈妈面谈后,他们快乐地回家了。一段时间后,我发现乐乐再也没有背书包来园,情绪一直很好,而且对绘本阅读很感兴趣,经常主动与我们分享绘本中的主要情节。同时,我也发现,幼儿各方面的能力在逐步提升,如情绪的调整、时间观念等。

情况分析:

1. 客观时间让幼小衔接课程实施目标的长课时变短课时

当今,幼儿家长长期受课外培训班与辅导书籍对幼小衔接夸大式宣传的影响,已成为幼儿超前学习的助推手。"双减"政策落地实施后,部分家长因幼儿不能如愿参加课外培训班而倍感焦虑。乐乐目前为大班幼儿,临近毕业,家长更是焦虑,故在家中安排各种针对幼儿而言的客观时间,从而使幼小衔接课程小学化,让原本的长课时培养目标变成高控、高压的短课时目标,以致违背幼儿的发展特点,超过幼儿当前的认知能力,使幼儿无法承担。所以,就出现了上述乐乐流泪、害怕的情景。

2. 幼小衔接发展目标的模糊使课程时间中的长课时与短课时失衡

幼儿家长认为"幼小衔接就是积累学科知识"的想法根深蒂固,盲目"从众"，参加各种培训班，成为幼儿"抢学"的助推手。在"双减"政策实施的背景下，家长在"幼小衔接"的焦虑中需要端正对"幼小衔接"教育的认识。幼小衔接的发展目标是幼儿情感体验、生活能力、交往能力、规则意识、任务意识、探索学习、逻辑思维、阅读习惯等综合能力与品质的培养，是一个长期的发展目标，需要长时间来实施与实现。幼小衔接非知识的抢跑，非几个月的高效短课时，家长对其目标的错误认识，以及对幼儿自然生长规律认知的缺乏，导致长课时与短课时失衡，也导致幼儿不喜欢、不愿意书写枯燥的字体。

3. 教育时间利用方式单一使课程时间中的长课时与短课时失衡

幼小衔接的教育时间因形式而具灵活性，任何时间、地点，或长或短，都可以融入幼儿能力与品质的培养，而非只有阅读拼音、识字等高认知指向的书籍。如乐乐的学习时间只是写字的时间，幼儿感觉在此时间段里，内容单一、枯燥，其书写的兴趣与时长可能因数字、汉字书写而随时戛然而止，原本长课时的书写能力培养，因教育时间利用方式的单一，变成了短课时，或终止。

方法措施：

1. 调整教育时间利用方式优化幼小衔接中长短课时的平衡

在教育时间的利用中，以"绘本阅读"为载体丰富教育时间的利用形式，从而使教育时间由幼儿较排斥、较枯燥的识字、书写数字等短课时逐渐变成遵循幼儿发展特点，是被幼儿喜欢且能坚持的学习时间。3—6岁幼儿喜欢形象逼真、生动、颜色鲜艳的物体，他们通过直接感知、体验获取经验与提升能力。"小学化"的符号，如数字、拼音等超前学习，只会违背幼儿的身心发展规律，不能激发幼儿的学习兴趣，也不能持续幼儿的学习时间。绘本是幼儿喜爱的读物，其逼真有趣的画面不仅传递幼小衔接阶段各种能力培养所需的信息，还可以弥补"小学化"学习时间的枯燥、乏味，使幼儿能持续学习的时间，从而平衡幼小衔接中长短课时的时间。

2. 以能力培养的长课时替代知识积累的短课时

以绘本阅读实施幼小衔接活动，并不是通过绘本让幼儿掌握某个知识，增加识字量，或只是培养幼儿的阅读习惯。绘本阅读用形象具体的画面、图文并重或声情并茂的语言替代"小学化"中的抽象符号，使幼儿沉浸在美丽的画面中进行思考与想象，是一种自发的体验与感受的长期学习。同时，绘本承载与传递各方面的信息与知识，传授学习知识的同时也培养学习能力。因此，可以以能力培养的长课时替代知识积累的短课时。

3. 在短时的绘本体验中激发幼儿的内在动机，进行连续的长时学习

绘本阅读将社会万象浓缩成幼儿喜欢的角色、易懂的图文、形象逼真的画面，呈现于幼儿眼前，让幼儿身临其境于角色与情节的体验中，启迪智慧、开阔视野、激发动力。幼儿在每天的短时阅读中体验到乐趣，并能持续兴趣，从而形成长时间的体验与经验积累。

教师感悟：

长课时与短课时的平衡，是遵循幼儿自然生长节律的教育时间的平衡。幼小衔接不是知识抢跑，不是短课时的学习，而是幼儿综合能力与品质素养的长期培养，是由连续的短课时形成的长课时。调整教育时间利用的形式，在以"绘本阅读"为载体，优化"幼小衔接"长短课时的平衡中，家长能不断更新幼小衔接观念，调整育儿方法，将长课时的能力培养替代短课时的知识点积累，使幼儿仿佛置身于浓缩的社会之中，获得相应的情感体验与适应小学生活的综合能力、品质素养，让幼小衔接的时间真正回归幼儿。

上述经验分享是教育时间平衡的实施过程中的具体策略之一。幼小衔接不是对小学知识的学习，更不是教师高控化的强加，而是一种自然而然的能力的形成与获得。能力的培养并不是短期而成的，它是一个漫长且持续积累的长学时的过程。为此，我们将对小学的认知、能力提高的教育短学时转换为长期的三年教育时间，将短课时从固定的、具体规划的校园课堂转化为家园合作性的、随机的、多样形式的长课时，其在遵循幼儿发展规律的过程中，让幼儿在长学时与短学时的相互平衡中，自主、快乐地由内驱获取相应的能力。

（二）张弛有度：张课时与弛课时

张课时与弛课时的平衡是指在教学活动时间的设计中教师松紧有度，在活动组织中的儿童亲身体验收放自如。其具体策略为教学时间的设计与活动组织中教师角色意识的改变，从而使课程时间张弛平衡。其具体策略为：一是以儿童体验时间为主。教师在活动设计或组织活动时，控制好教师以课程参与者的角色所占用的时间，如教师关键提问所占用的时间，教师引导性或主体性所占用的时间，

教师所占用时间为张时间，张时间为主体时间，这样就占用了儿童亲身体验、积极主动的学习时间，致使儿童被动，违背了以儿童发展为本的学前教育课程的基本理念，以及课程应与儿童阶段的学习特点与身心发展水平相适应的要求。二是创设环境与幼儿互动时间。在学前教育课程中，一直提倡教师"少教"与幼儿"多学"，如何在课程时间中平衡"少教时间"与"多学时间"呢？我们利用环境替代教师，让环境材料与幼儿说话，让环境来暗示教师的语言，激发幼儿的探究欲，幼儿在环境的身临其境中感知教师所预设的"教"，同时还可能会产生更多新的问题，从而推进教育的深度，促进"少教时"与"多学时"的平衡关系。

总之，张课时与弛课时的平衡是"少教时间"与"多学时间"间松紧有度、收放自如且平衡，是教师角色身份转换的具体表现，是课程以幼儿为主的具体落实策略，其策略主要是在活动设计、组织教学、环境创设中予以调整，合理控制教师的张课时，优化属于儿童的弛课时。

——————— [案例5-2]　　环境材料助力课程时间张弛有度 ———————

案例实录：

在小班集体教学活动《捉老鼠》的第一次试教活动中，我出示了图片"黑猫警长"——"你们看看，这是谁？""猜猜还会有谁来到了我们教室，与我们做游戏？""黑猫警长！""小老鼠！"只有个别幼儿说出了其他几种常见的动物，如"小鸡"等。

在第二次试教活动中，我对活动设计进行了调整，我将往日师生对话式的导入部分由多媒体课件代替。我充分利用多媒体技术，集黑猫警长、老鼠的行踪动画、声音、场景等为一体，将各种小动物以及小老鼠藏身的方位等动态化。根据故事情节，将原来的"找找方位"游戏调整为生生互动的"猜猜找找我在哪"游戏。同时，在教室中创设相应的大树、假山等情境，从而促进幼儿与环境互动。当生动、活泼、声情并茂、引人入胜的画面展示在幼儿的面前，幼儿仿佛身临其境，无须教师过多地说教、指挥、引导。当我提问："猜猜还会有谁来到我们教室，与我们做游戏？"幼儿回答"狮子""老虎""孔雀"等，在幼儿的讲述中，动物园里的小动物们都来了。同时，幼儿也在与环境的互动中充分感知和理解课堂知识。

情况分析：

1. 课程时间的张弛有度影响活动成效

幼儿兴趣广泛，注意力易分散，其具体形象的思维特点使其对抽象的概念与事物较难理解。在第一课时的试教过程中，在课程时间安排上，以教师张课时为主体，一问一答式的师幼互动时间，幼儿思维的活跃度明显不高，参与难度也不高，活动不具趣味性与挑战性，教师只有通过不断地追问与语言暗示来推动活动的开展，以致幼儿更被动，可见师幼互动勉强乏味，教师与幼儿都处于张时状态，课程张弛有度失衡。

2. 环境材料增加幼儿放松、体验的弛时间

在第二次试教中，调整活动设计中的教师主体时间，用环境材料代替教师说话，把时间还给幼儿，教师"口中描述的情景"或"静止的画面"被生动、逼真的环境材料搬迁于幼儿面前，幼儿好似身临其境，主动、专注地投入到学习活动中。在活动设计、活动组织中，教师少说少教，幼儿多感多学，课程时间才能张弛有度，张与弛才能相互平衡，适宜幼儿的学习特点。

教师感悟：

1. 在张弛有度的时间安排中，以幼儿的有效体验时间为主

在集体教学活动中，教师过多的语言或过多干预，会占用幼儿原本注意力集中的有效时间，同时，还会夺占幼儿自主体验的时间。在活动设计中，应合理规划教师的有效提问时间，如在大班集体教学活动中，教师语言应简洁、明了，一般不超过2分钟。当幼儿的自主体验时间被占用，自己想说的话被老师代替说完时，幼儿只是教学活动中的一个零件，缺少自己的思考，并处于较被动的位置，对学习失去耐心与兴趣。那么，教师的收放自如、张弛有度就难以体现。因此，应以幼儿有效的体验时间为张弛有度的主体时间，因为课程是儿童的。

2. 环境材料促幼儿体验，并优化张课时与弛课时平衡

在环境材料的创设过程中，如课件导入，与情景环境的创设辅助教学中，教师可以优化讲解、示范时间，省略将抽象变成具象的过程，将真实信息、素材通过课件传递给幼儿，教师角色也由说教者转变为支持者、观察者。现场情景环境的创设，省略教师说教时间的同时，其实也给予了幼儿亲身观察、体验、操作的时间。在教师少说少教、幼儿多感多知多问多求答的过程中，教师也有更多的时间来观察幼儿

在学习中的真实状态，从而为后续优化教育提供依据，幼儿也有更多的时间去发现问题与解决问题，积累经验，以此优化课程时间中张课时与弛课时的平衡。

（上海市嘉定区星华幼儿园　刘翠霞）

儿童是教育的主体，是教育课程的主导者，儿童的学习时间是直接的实际操作与体验时间，而非教师传统意义的"教"时与幼儿被动的"学"时。在儿童的一日活动中，教师过多介入会导致儿童主动、直接感知亲身体验的时间缩短，儿童在课程中主导、主体角色的体现就不够明显。因此，在探索活动设计、活动组织、环境材料创设中寻找"少教"与"多学"的时间平衡，给予幼儿更多真实体验时间，这在以儿童发展为本的学前教育课程基本理念背景下则显得尤为重要。

（三）疏密有度：疏课时与密课时

遵循、顺应幼儿生长的自然节律，在儿童课程时间中，各类活动之间的时间有疏有密，也就是疏课时与密课时的平衡。其具体策略为：

一是在儿童一日的作息中，疏课时与密课时互相补充。在一日作息时间的安排中，教师注重幼儿活动内容时间的疏密度，各学习领域的时间疏密度。如在一日作息中，将高密度的集体学习活动与低密度的游戏活动安排在上午同一个时间段内。同时，相对增加低结构游戏的活动时长，以此实现疏课时与密课时的互相补充、平衡（见表5-1）。

二是创设行走式弹性化时间。行走式弹性化时间，就是从活动室走入功能活动室，从室内走向室外，从园内走向园外，整合一切资料，将高密度的教室集中学习教育时间通过行走式学习方式稀疏在一周或一个月、一个学期内的幼儿园里的每个功能活动室、研学活动中等（见表5-2）。同时，将同一时间段内全园共同参与的高密度集体户外活动时间分大中小班、不同时段、不同场地进行（见表5-3）。创设行走式学习时间是室内的高密度与室外的疏密度时间平衡的策略。

总之，疏课时与密课时平衡策略，是两者间时间弹性化，以及彼此融合、互补、转化的策略。其相互间的平衡，创造出"开放式·个性化·灵活性"的教育课课程，顺应了幼儿生长发展的自然节律，也促进了师幼的个性化发展。疏密有度的时间平衡策略，在儿童课程时间平衡策略中尤为重要。

[案例 5-3]　疏密有度的课程时间安排

表 5-1　星华幼儿园作息时间表（大班冬季）

时 间 段		教师组操作细则
7:40—8:05	25 分钟	来园活动
8:05—8:45	40 分钟	个别化学习活动
8:45—9:05	20 分钟	生活、自由活动
9:05—9:55	50 分钟	运动
9:55—10:05	10 分钟	生活、自由活动
10:05—10:35	30 分钟	学习
10:35—10:55	20 分钟	生活、自由
10:55—12:00	65 分钟	生活活动（午餐）、散步
12:00—14:50	170 分钟	生活活动、午睡、点心
14:50—15:20	30 分钟	体育活动
15:20—16:10	50 分钟	游戏活动
16:10—		离园

（上海市嘉定区星华幼儿园　郑燕）

表 5-2　大班课程时间表

	周一	周二	周三	周四	周五	专用活动
大班						1. 班主任教师根据天气等因素选择室内或室外游戏。 2. 雨天时，在星小园开展探索活动时需着雨天服装进行。
7:30—8:00	来园活动	来园活动	来园活动	来园活动	来园活动	
8:00—9:00	运动	运动	运动	运动	运动	
9:00—10:00	学习	学习	学习	学习	学习	
10:00—11:00	星工坊	星梦园	星沙堡	星艺廊	星梦园	

	周一	周二	周三	周四	周五	专用活动
11:00—12:00	午餐 户外活动					
12:00—15:00	午睡、生活					
15:00—15:30	足球游戏	体育游戏	体育游戏	体育游戏	体育游戏	
15:30—16:10	星小园	个别化学习活动	个别化学习活动	单:星光馆 双:星阅屋	个别化学习活动	
16:10—	离园	离园	离园	离园	离园	

（上海市嘉定区星华幼儿园　郑燕）

表5-3　中、大班运动活动时间安排表

周　　次	5号场地	2号场地	3号场地	1号场地	4号场地	6号场地
第一、八、十五周	大一班	大二班	大三班	中一班	中二班	中三班
第二、九、十六周	大二班	大三班	中一班	中二班	中三班	大一班
第三、十、十七周	大三班	中一班	中二班	中三班	大一班	大二班
第四、十一、十八周	中一班	中二班	中三班	大一班	大二班	大三班
第五、十二、十九周	中二班	中三班	大一班	大二班	大三班	中一班
第六、十三、二十周	中三班	大一班	大二班	大三班	中一班	中二班
第七、十四、二十一周	大一班	大二班	大三班	中一班	中二班	中三班

（上海市嘉定区星华幼儿园　郑燕）

　　疏课时与密课时平衡策略促使学前教育课程开放，如时间、空间、课程、教学、组织等的开放，又如学科领域、教学间、师生间、园所和社区墙壁的开放。弹性课程时间，恰恰融合了时间、空间、课程等多方面的要素，凸显"开放式·

个性化"的教育理念，成为学前教育课程时间实施过程中的一道亮丽的风景线。

（四）前瞻后顾：先学时与后教时

在学前教育课程时间中，应重视幼儿自主学习体验时间与他人教授时间的先后平衡。教师的活动设计、预设活动、活动目标的时间设定，应源自儿童的真实成长需求。教师是儿童学习的支持者、引导者。"先学后教，以学定教"，是前瞻后顾下先学时与后教时的主要平衡策略。其具体策略为：一是以幼儿自主体验时间为先学时间。在活动开始的初期阶段，教师不是直接抛出问题，激励、引导幼儿解决问题，帮助幼儿积累知识，而是让幼儿在与环境材料互动的过程中发现问题与解决问题，教师通过观察、思考、师幼动态调整、支持幼儿在实践中寻找问题的答案等，推进幼儿的发展。二是创设个性化发展时间，以学带教。幼儿的发展存在个体差异，幼儿的兴趣、认知、生活经验各有不同。创设个性化发展时间，如个别化学习活动、游戏活动、班本化活动时间等，幼儿根据自己的意愿选择不同的活动内容进行学习，避免只是陪其他同伴度过已知的"难熬光阴"，即个体先学习，又在生生互动的同伴效应中推动个体经验向集体经验转化，从而促使幼儿发展，这就是从幼儿个体角度，以学带教的先学时与后教时平衡策略。

可见，顺应幼儿生长的自然节律的课程时间安排应前瞻后顾，即先学时与后教时的平衡策略，它应在幼儿的亲身体验、幼幼互动、师幼互动、教师价值取向中实施。

———— ［案例5-4］   先学时与后教时的平衡实践经验分享 ————

案例背景：

主题《我是中国人》进行到了"了不起的中国人"站点，一系列的人物故事、伟大事迹正悄悄地影响着幼儿。特别是航天的故事，升温了孩子们对宇宙飞船、火箭等的探究热情。"好玩的火箭"个别化学习活动，源于孩子们在与材料互动中的偶然发现——瓶口的纸怎么在动呢？

片段一：以先学时定教时——捕捉儿童兴趣，结合经验，巧妙互动

场景一：

泽泽在"小青花"主题站点区角中，选择了用饮料瓶、宣纸、蓝色水粉颜料等材料开始制作青花瓶。他将瓶子表面刷满糨糊，将一张张宣纸粘贴在瓶子上

面，不时地用手拍拍压压瓶子上的宣纸，从而使其更牢固。"瓶口的纸怎么在动呢？"泽泽疑惑地自言自语，然后开始摆弄瓶子，接着开始反复地拍打挤压瓶子。突然，他把脸对着瓶口，双手再次挤压瓶子，然后与周边的小伙伴说："有风！"一时间，周围的幼儿也拿起瓶子对着脸挤压了起来。

我："到教室其他地方去试试吧！"

嘉嘉跑到"了不起的中国人"主题站点区角中，将瓶口对准近期手工制作的纸火箭。双手挤压瓶子，"火箭移动了！"

顿时，周围的孩子们纷纷拿来自制的火箭，教室里满是孩子们惊喜的欢呼声"有风，动啦！"……

片段二：先学时后教时再推时——聚焦学习过程，隐形互动，助推活动升温

场景一：

个别化学习活动的集中分享交流时间开始了，莹莹："这是我画的宇航员，坐在飞船上，飞到天空中去了。"辰辰："我用小盒子组合做了一位科学家，他很聪明，发明了很多武器——大炮、坦克、火箭。"

我："科学家是怎样让火箭飞上天的呢？"

泽泽："是用机器人发射的！"嘉嘉："一个大炮发射出去的。"泽泽："我说得对！"嘉嘉："我说得对！"两个孩子不肯相让，争执了起来，班里的其他小朋友也一脸疑惑，凯凯、诺诺、辰辰则各有所思。这时候，莹莹站起来说："我家平板电脑里有火箭飞上天的视频，是有火燃烧的，我明天带给大家看看。"

（晚上，我与莹莹的家长沟通，了解到莹莹最近在家中一直在关注与火箭相关的知识，家长协助收集了很多小视频，我说明了让莹莹带平板电脑来园的意图也获得了家长的同意。第二天，莹莹带着平板电脑来上学了，平板内预置了一段火箭升天的视频以及一个"发射火箭"的小游戏，嘉嘉也带来了与火箭有关的绘本……）

第二天，嘉嘉在"好玩的火箭"主题区里观看"火箭发射"的视频，视频播放完后，他拿起一个饮料瓶，又拿了一个手工纸制作的火箭，把火箭套在了饮料瓶的瓶口上，双手用力挤压，纸火箭成功地飞了起来……

场景二：

随着环境材料的调整与跟进，幼儿经验的增加，孩子们热衷于使用"高飞火

箭"来发射，即用脚踩饮料瓶发射，太过容易就达到天花板的高度，导致幼儿对于"空气压缩"现象的观察也就不细致了。于是，我降低了材料的密封性。

今天，凌凌在玩"好玩的火箭"，他先拿起一个饮料瓶，与带管子的瓶盖连接起来，然后装上"火箭"。接着，他把瓶子放在地上，一手握着"火箭"的连接处，脚用力一踩瓶子，"火箭"并没有发射出去。凌凌看了看"火箭"，再次抬起脚，这次用的力气更大了，"火箭"轻轻地被推了出去，飞得并不高，而泽泽的"火箭"飞得很远！凌凌摸了摸头，找来了泽泽，两人一起又试了一次，"火箭"还是"低空飞行"。凌凌和泽泽都看着手中握着的软管，这时，泽泽对凌凌说："你用两个手握紧这根管子，不要漏气，我们再试一次！"凌凌点点头，这次他双手紧握软管与"火箭"的连接处，泽泽用脚猛力一踩瓶子，"砰"一声，"火箭"一下子蹿到了天花板……孩子们脸上的喜悦、自豪感染着一旁的我，我也很开心。

情况分析：

1. 以学定教——幼儿先体验后质疑，教师先观察再捕捉

瓶子受挤压产生风推动物体的现象引发了孩子们的关注与讨论，他们都想去试试。从孩子们的这一行为中，我发现他们对"瓶子受挤压产生风推动物体"的现象充满兴趣与好奇，孩子们的学习兴趣在不经意间被激发。当孩子们用脚踩饮料瓶发射，太过容易就达到天花板的高度时，孩子们对"空气压缩"现象的探索此时已停止。于是，我降低了材料的密封性，以进一步促进幼儿深度探索与学习。

2. 先学后教再推——幼儿再发现，教师再梳理价值再推进经验

结合孩子们的兴趣，依据学前教育科学领域的核心精神——激发幼儿对科学探究活动的兴趣，保护他们的好奇心。我不需要教会幼儿"空气压缩"的原理，但可以为幼儿提供继续探索的机会，即幼儿在与材料的反复探究中感知挤压力量变化的因果关系。教师对幼儿生成的点进行梳理与分析，推荐有价值的点，选择问题导向，适时问题介入，支持幼儿在浅表学习中挖掘学习价值，如"科学家是怎样让火箭飞上天的呢?"幼儿在原有兴趣的基础上开始判断与继续探索让火箭上天的办法，同时质疑"用手抛接火箭"的办法，并产生问题冲突，从而激发幼儿对感知空气压缩现象中"火箭上天"的持续探究兴趣。后续的教师问题价值导向，与调整材料的密度，都是教师依据幼儿在实践经历中的发现进行的价值梳理。

教师感悟：

1. 先学后教，以学时定教时

教师在行为中捕捉幼儿的学习兴趣，在兴趣中生成幼儿的学习内容，在经验中思考幼儿的探索价值并适时支持，巧妙地将幼儿的兴趣点与经验结合，及时不留痕迹地给予幼儿自然支持，能精化幼儿继续探索的价值，支持幼儿学习欲的持续进行，让课程真正源于儿童，让课程的时间真正顺应幼儿的需求与发展。在持续定"教"的过程中，教师没有直接告知幼儿要求与规则，而是调整问题导向，指引价值，追加材料辅助，调整材料，以此增强幼儿的持续自主体验与提升有价值的学习时间，即以学时定教时，也是先学时与后教时的相互平衡。

2. 以推促学，推学时促学时

教师直接的介入有时主观性太强，不适宜幼儿，或幼儿因没有亲身体验而无法理解。幼儿自主、自发地对同一材料焕发持续的动力与深度探究的兴趣，需要我们给予幼儿充足的自主体验时间。教师的先说教往往只会让幼儿乏味，将师幼直接的说教互动调整为借助外环境的隐形互动，让幼儿在亲身经历中发现与解决，那么将事半功倍。我认为，顺应儿童生长节律的课程时间，关键在于教师有着"幼儿在前，教师在后"的时间观念，不急于告知幼儿结果，始终关注幼儿学习活动的过程，及时进行价值判断并采取适宜的支持、推进活动深度发展。这样才能持续幼儿的学习欲望，使其从浅层学习走向深度学习。以学时定教时，以推时促继续学时，从而使先学时与后教时间相互平衡，课程时间符合儿童的成长特点。

先学时与后教时策略是指把儿童的预设体验学习活动置于教师的教学活动之前，主张教师改变传统的面面俱到式的授课方法，并进行价值本位的转移，以儿童的发展为基础的价值取向，不鲁莽介入，而是给予儿童足够的空间与时间支持，让其根据已有经验充分体验。教师在正确识别儿童的兴趣、需求后，通过创设自主体验时间，分享交流提升经验时间，促进儿童快乐成长。

总之，教育的发生具有时间性，个体的生命时间是儿童教育开展的唯一尺度，个体的自主意愿参与时间是个体全面发展的前提。教育时间是学前教育课程开展的内部结构，也是开展教育实践活动的重要基石。科学规划课程时间，使教育井然有序地推进，把被规划、安排、分割的时间归还给儿童，让儿童拥有更多的自然成长时间、内在时间、反思时间，不用客观时间遮蔽主观时间，为教育的产生留出更多的延展推进的过程。在此，我们从活动转换、张弛有度、疏密有度、前瞻后顾等四个维度研究课程时间平衡，以此让每个儿童都成为时间的主人，让时间按照儿童自然的生长节律流淌。

（上海市嘉定区星华幼儿园　刘翠霞）

第六章

课程实施平衡及其实现策略

课程实施平衡的意义在于保证儿童的全面发展和学习成就。当课程实施平衡时，可以充分满足儿童的学习需求和发展潜能。课程实施平衡包括思维、场域、活动和结果等方面的平衡。面对复杂的课程实施情境，需要处理好预设与生成、校园与社会、高结构与低结构、获得与建构等要素之间的关系，使其在课程实施中达到相对平衡，具体实现策略包括自组织策略、生活化策略、转换性策略和情境链策略。

学前教育是培养儿童成为具有健康、知识、情感、能力和良好行为素养的儿童的基础阶段。学前教育课程的实施对于儿童的全面发展至关重要。然而，随着社会的发展，学前教育课程的实施面临着越来越复杂的情境，如预设、生成、校园、社会等。同时，学前教育课程的特点又决定了它是一个高结构的教育形式，但是在实际实施过程中，教师和儿童也面临着诸多的低结构情境。如何面对这些复杂的情境，实现学前教育课程的平衡发展，成为当前学前教育研究的重要问题之一。本章节旨在探讨学前教育课程实施平衡模型及其实现策略，从平衡发展理论的角度出发，构建一个能够促进学前教育课程平衡发展的课程实施平衡模型，并在此基础上提出实现策略，以帮助教师和儿童更好地应对课程实施过程中的复杂情境。通过案例分析，验证所提出的课程实施平衡模型的可行性和有效性。

一、课程实施平衡的意义

杭州师范大学教育科学研究中心杨燕燕副教授认为：课程实施平衡是指在教育过程中，在不同的课程思维、场域、活动以及结果之间取得平衡。社会、政府在课程目的、课程结构以及课程内容等方面规定的平衡性，最终还是要通过课程的实施方能实现。[①] 杭州师范大学教师发展研究中心肖正德教授认为，教师是课程实施中最直接的参与者，教师的课程意识是其执行课程标准、落实课程方案的内驱力，只有提升农村中小学教师的课程意识，才能使其执行好课程标准，落实好课程方案，促进农村中小学课程走向平衡。[②] 哈尔滨师范大学于辉副教授认为，课程平衡理应"是一种趋向平衡，是一种发展平衡"，某种新的社会压力或社会需求的出现就会将原有的平衡打破，逐渐用新的平衡代替，它是一个动态的发展过程。[③] 在课程实施的过程中，平衡性的体现是课程平衡性的一个重要方面。尽

---

① 杨燕燕. 国外中小学课程平衡性研究 [J]. 比较教育研究, 2008 (6): 56-60.
② 肖正德. 促进农村中小学课程平衡策略研究 [J]. 中国教育学刊, 2012 (7): 44-48.
③ 于辉. 基础教育课程改革中课程平衡探究 [J]. 牡丹江师范学院学报 (哲学社会科版), 2010 (6): 111-113.

管"理想的课程"在理论上较好地体现了各种平衡关系，但在实际实施阶段，由于各种因素的影响，如教师素质未能及时跟上，学生成绩评价体制的制约等，导致"体验的课程"在操作层面上未能妥善处理课程的平衡关系。这体现了课程平衡性在实践中的不足，并且这种不足更多地与课程实践者有关。因此，我们需要加强对课程实践者的培训，促使其能力提升，以确保课程的平衡性在实践中得到更好体现。

我们认为课程实施平衡是指在学前教育课程实施的过程中，在不同的课程思维、场域、活动以及结果之间取得平衡。这种平衡可以体现在以下几个方面：

（一）课程思维的平衡

课程思维是指教师在设计和实施课程时所采用的思考方式和理念。实施平衡要求教师在课程设计中兼顾学科知识的传授和儿童能力的培养，平衡知识的传递和学生的主动学习。这意味着教师应该关注儿童的学习兴趣和需求，提供符合儿童发展水平和兴趣的教学内容，同时注重培养儿童的批判性思维、问题解决能力和创造性思维能力。

（二）场域的平衡

场域是指教学活动的具体环境和场所，它包括教室、实验室、图书馆、户外等各种学习场景。实施平衡要求教师在不同的场域中提供多样化的学习机会和体验，使儿童能够充分利用各种资源和环境进行学习。例如，教师可以结合实地考察、实验探究、团队合作等活动，让儿童在不同的场域中获得全面的学习经验和多元化的发展。

（三）活动的平衡

活动是指在课程实施过程中用于促进儿童主动参与和互动的各种教学手段和策略。实施平衡意味着在教学活动中要兼顾知识的传递和儿童的参与，平衡教师引导和儿童自主探究的关系。教师可以采用多种教学方法，如讲解、讨论、实验、案例分析、角色扮演等，使儿童在不同的教学活动中积极参与、思考和运用知识。

（四）结果的平衡

结果是指儿童在课程实施过程中所达到的目标和学习成果。实施平衡要求教师关注儿童的全面发展，平衡知识与技能、情感与态度、道德与价值观的培养。

不仅要注重学科知识的学习和掌握，还要推动儿童的学习策略、问题解决、创新思维、沟通能力、合作精神等方面的综合发展。

课程实施平衡的意义在于保证儿童全面的发展和学习成就。当课程实施平衡时，可以充分满足儿童的学习需求和发展潜能，促进他们的个体发展和自主学习能力的培养。此外，平衡的课程实施还能够提高儿童的学习动机和学习效果，增强他们的学习兴趣和学习乐趣，培养他们终身学习的能力和适应未来社会的能力。学前教育课程实施平衡，指的是在教育教学过程中，保持各个方面之间的平衡关系，包括但不限于儿童的身心发展、知识技能的教授、情感价值观的培养等。实现平衡发展，需要在课程的设计、实施和评价等环节中，综合考虑不同因素之间的关系，使得教育教学过程能够更好地满足儿童和社会的需求。课程实施平衡包括思维、场域、活动和结果等方面的平衡。

从课程实施思维看，课程实施平衡包括教师的教学思维和儿童的学习思维。教师需要根据课程目标和儿童的需求，设计适合的教学策略和方法，引导儿童进行深入思考和探究。儿童需要在教师的指导下，建立自主学习的思维方式，逐渐掌握知识和技能，培养批判性思维和创造性思维能力。

从课程实施场域来看，课程实施平衡指的是教育教学活动的具体环境和情境。课程实施的场域应当具备安全、卫生、舒适等基本要求，同时也应当充满趣味和创新，满足儿童的兴趣和需求，激发他们的学习兴趣和积极性。

从课程实施活动来看，课程实施平衡是课程实施的具体形式，包括教师的教学活动和儿童的学习活动。教师的教学活动需要根据儿童的需求和课程目标，设计富有创意和启发性的教学活动，引导儿童主动参与。学习活动，培养他们的学习兴趣和自主学习能力。儿童的学习活动应当充分发挥他们的主动性和创造性，通过实践和探究，积累知识和经验，不断提高自己的能力水平。

从课程实施结果来看，课程实施平衡是指儿童在课程学习中所达到的成果和表现，包括知识技能的掌握、情感态度的培养、思维能力的提升等。通过对课程实施结果的评价，可以了解儿童的学习情况和发展状况，为教师的教学改进提供依据和参考。

在当前的学前教育环境中，实现课程实施的平衡发展具有重要的意义。首先，学前教育是儿童教育的起点，对于儿童的全面发展具有至关重要的作用。其次，学前教育是儿童学习的基础，对于儿童的未来学习和发展具有重要的影响。最后，学前教育是教育改革的前沿，实现课程实施的平衡发展有助于推动教育的进步和发展。

二、课程实施平衡模型

面对复杂的课程实施情境，需要处理好预设与生成、校园与社会、高结构与低结构、获得与建构这些要素及其关系，使其在课程实施中达到相对平衡。（见图6-1）

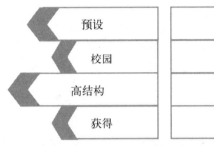

图6-1 课程实施平衡模型图

上图中，四类课程实施平衡的具体内涵如下。

（一）实施思维：预设与生成

实施思维是课程实施平衡模型中的一个重要因素，包括预设和生成两个方面。预设是指在课程实施前对课程目标、内容、教学方法和学习活动等进行预先设想和规划。生成是指在课程实施过程中，教师和儿童根据实际情况对课程目标、内容、教学方法和学习活动等进行调整和优化。实施思维与其他要素之间的关系：实施思维是课程实施平衡模型的基础和前提，它对其他要素的确定和实现具有重要的影响。预设和生成的相互作用可以帮助教师更好地掌握课程实施的进度和效果，从而更好地调整课程实施中的各个要素。（见图6-2）

一是预设让课程实施有的放矢。在课程实施之前，教师应当充分预设各种可能出现的情况，进行充分思考和准备。预设可以帮助教师充分了解儿童的需求和特点，准确把握课程目标和内容，以便更好地指导儿童进行学习。

预设　←　→　生成

图6-2　课程实施思维平衡图

二是生成让教师儿童共同成长。在课程实施中，教师应当充分发挥自己的创造力和创新能力，设计符合儿童需求和特点的教学活动，引导他们进行探究和实践。生成可以帮助教师更好地满足儿童的学习需求，提高教学效果。

（二）实施场域：校园与社会

实施场域是课程实施平衡模型中的另一个重要因素，包括校园和社会两个方面。校园是指教师和儿童在学校这一相对封闭的教学环境中进行课程实施活动。社会是指教师和儿童在开放的社会环境中进行课程实施活动，如幼儿园中的劳动实践活动、参观图书馆等研学活动，这个过程也被称为"生活场域教育"。

校园和社会两个场域都有其独特的优势和劣势。在校园中，教师和儿童可以比较方便地获得课程实施所需要的资源，例如，教学设备、教材、图书馆等。此外，教师在幼儿园中可以更好地掌控课程实施的进度和质量，以及儿童的行为和表现。然而，校园中也存在一定的局限性，例如，教学设备可能不够齐全、儿童的视野和经验有限等，这些都会对课程实施产生一定的影响。

在社会场域中，教师和儿童可以更好地接触和体验现实社会的多样性和复杂性，提高儿童的社会认知和适应能力。此外，社会场域中也存在丰富的学习资源，例如，博物馆、图书馆、科技馆等，可以丰富儿童的学习体验、帮助儿童实现知识积累。然而，社会场域中也存在一定的风险和挑战，例如，交通安全问题、社会风气等，需要教师和儿童注意防范和适应。因此，在选择实施场域时，需要充分考虑实施目标和课程内容，权衡其优缺点，选择适宜的场域实施。（见图6-3）

一是校园是课程实施的有效保障。在课程实施中，校园环境是重要的因素之一。教师应当充分利用校园环境，创造有利于儿童学习的氛围和条件。同时，教师也应当注意校园安全和环境卫生，为儿童提供安全、健康的学习环境。

图6-3　课程实施场域平衡图

　　二是社会是课程实施的适时补充。在课程实施中，社会环境也是重要的因素之一。教师应当引导儿童关注社会热点和问题，提高他们的社会责任感和参与度。同时，教师也应当注重社会实践教育，帮助他们了解社会现实，增强他们的社会适应能力。

（三）学习活动：高结构与低结构

　　学习活动是课程实施平衡模型中的另一个重要因素，包括高结构和低结构两个方面。高结构学习活动通常由教师发起、安排和组织，包括教师授课、听课、课堂讨论、小组讨论等。低结构学习活动则更加自主和开放，由儿童发起，他们可以自由选择学习内容和方式，更加注重个人兴趣和需求，例如，角色游戏、建构游戏、独立学习、探究式学习、项目学习等。

　　高结构学习活动的优势在于教师可以更好地掌控学习过程和质量，确保儿童达到预期的学习效果。此外，高结构学习活动还可以提供儿童与教师、同伴之间的交流和互动机会，加强团队合作和社交能力。

　　然而，高结构学习活动也存在一些问题和限制。首先，由于儿童在学习过程中缺乏自主性和选择权，可能导致学习动机和兴趣降低，儿童对学习的积极性不高。其次，高结构学习活动通常需要投入大量的时间和精力，教师和儿童可能会感到疲惫和压力，影响教学质量和效率。最后，高结构学习活动可能会限制儿童的创造性和想象力，不能充分发挥他们的个性和潜力。

　　相比之下，低结构学习活动更加注重儿童的自主性和创造性，能够更好地满足儿童个性化的学习需求。儿童可以根据自己的兴趣和需求选择学习内容和方式，更加自由和灵活。此外，低结构学习活动还可以激发他们的学习热情和兴趣，提高儿童的学习效果和成果。

　　然而，低结构学习活动也存在一些问题和挑战。首先，由于儿童在学习过程中缺乏教师的规定和指导，可能会导致学习目标和效果不稳定，需要儿童具备一定的学习能力和自律性。其次，低结构学习活动可能会占用儿童过多的时间和精力，导致儿童在其他方面的发展受到限制。（见图6-4）

高结构　　　　　　　　　　　低结构

图6-4　课程实施平衡中学习活动平衡图

一是高结构让课程内容系统且规范。高结构活动在幼儿园中一般包含集体教学活动，在课程实施过程中，教师应当注重高结构教学，即将课程内容和教学方法进行系统化和规范化。高结构教学可以帮助教师更好地指导儿童进行学习，提高教学效果。

二是低结构让儿童的学习主动且富有创造性。低结构活动在幼儿园中一般包含各种游戏活动、个别化学习活动等，在课程实施过程中，教师应当注重低结构教学，即充分发挥儿童的主动性和创造性，引导他们进行自主学习和探究。低结构教学可以帮助儿童充分发挥自己的潜能，提高学习兴趣和自主学习能力。

（四）学习结果：获得与建构

在课程实施平衡模型中，学习结果是评价学习过程和成果的指标。学习结果可以分为获得和建构两个方面。获得是指学习者在学习过程中所获得的知识、技能和经验，这些都是通过教师传授、学习者研究和实践获得的。而建构则是指学习者在学习过程中，基于自身经验和背景，自主构建知识结构和意义的过程。获得和建构都是学习过程中不可或缺的部分，而平衡二者的关系是实现有效学习的关键。

在学前教育中，获得和建构的比例需要根据不同年龄段的学习者和课程目标进行调整。在幼儿园阶段，学习者的认知水平和表达能力相对较低，因此获得知识和技能的比例可能会更高。例如，在语言教育中，学习者需要掌握基本的语音、词汇和语法知识，这些都是获得的过程。而在艺术教育中，则更注重学习者的创造性和想象力，这就需要更多的建构性活动。

随着年龄的增长，学习者的认知能力和思维水平逐渐提高，他们可以更好地理解和处理抽象概念和问题，因此，可以逐渐增加建构性活动。例如，在科学教育中，学习者需要学习科学方法、科学观察和实验技能等知识和技能，同时也需要进行科学探究和发现，这就需要更多的建构性活动。

一是获得是学习者通过学习获得知识的途径。在学前教育中，获得的内容通常包括基础的学科知识、表达能力、社交技能等。例如，学习者可以通过听故事、参观展览、观察实物等方式获得语言、科学、艺术等方面的知识。在语言教育中，学习者需要通过听、说、读、写等活动来获得词汇、语法等语言知识。在数学教育中，学习者可以通过游戏、操作实物等活动获得数数和简单运算的技能。

二是建构是学习者自我构建新经验的过程。在课程实施的过程中，教师应当注重建构教学，即引导儿童在实践和探究中建构自己的知识体系和思维方式。建构教学可以帮助儿童更深入地理解和掌握知识，提高思维能力和创新能力。（见图6-5）

图6-5　课程实施平衡中学习结果平衡图

三、课程实施平衡策略

要实现获得和建构的平衡，需要教师在课程实施中考虑以下因素：一是学习目标的设置：教师应该清楚地了解学习者的学习需求和目标，针对性地制订教学目标，使得学习者在学习过程中获得具体的技能、知识和经验。二是学习活动的设计：教师应该设计多样化的学习活动，包括传统的教学方式和现代化的学习方式，如实践活动、游戏、故事等，这些活动可以推动儿童的积极参与和学习成果的提高。三是教学方法的选择：教师应该选择适当的教学方法，如直接教授、引导探究等，根据学习者的需求和学习特点，让学习者在学习过程中获得具体的技能和知识。四是学习评估的方式：教师应该采用多种方式来评估学习者的学习成果，包括测试、观察、记录等方式，这些评估方式可以更加全面地了解学习者的学习成果和学习需求，为进一步的教学设计提供参考。五是学习者的参与度：教师应该关注学习者的参与度，让学习者在学习过程中积极参与，发挥他们的主观能动性和创造性，促进学习者的建构性学习。

（一）自组织课程实施策略

自组织课程实施策略是一种能够平衡预设和生成的方法，它通过将学习者作为自主学习者，赋予他们探究和创造的权利，从而在教育实践中实现预设和生成的平衡。其核心思想是让学习者自主选择学习内容、探究问题、解决问题和评估学习成果，从而更加积极地参与到学习过程中，实现课程实施平衡。

自组织课程实施策略包括以下几个方面的实践方法：

一是引导式问题学习：引导式问题学习是一种以问题为导向的学习方式，通过引导学习者提出问题、探究问题、解决问题和评估问题的过程，促进学习者的学习和思考能力的发展。在学前教育中，教师可以利用这种方法来鼓励学习者参与探究和建构性学习，让他们在解决问题的过程中积累知识和技能。

二是项目学习：项目学习是一种以任务为导向的学习方式，它通过让学习者扮演角色、参与模拟或真实的任务活动，实现对知识和技能的应用。在学前教育中，教师可以通过设计有趣、具体的项目活动来激发学习者的学习兴趣，促进他们综合能力的发展。

三是小组合作学习：小组合作学习是一种将学习者分为小组进行学习和合作的方式，它可以促进学习者的互动和交流，实现对知识和技能的分享和协同。在学前教育中，教师可以通过鼓励学习者进行小组活动来促进他们的建构性学习和自主学习。

四是自主学习：自主学习是指学习者独立地选择学习内容、方式和时间的学习方式，它强调学习者的主动性和独立性，有利于促进学习者的自我发展和学习兴趣的培养。在学前教育中，教师可以鼓励学习者进行自主学习，通过给予学习者选择和决策的权利来促进他们的建构性学习和自主学习。

此外，自组织策略还要求教师关注儿童的兴趣和需求，充分尊重儿童的主体性和创造性，为儿童提供充分的选择和决策的机会，以促进儿童的积极参与和主动学习。

───────────── [案例6-1] 面具有几个洞 ─────────────

案例背景：

"师傅，俺老孙回来了！""妖怪，哪里跑！"自从孩子们在表演区接触到主题《我是中国人》中的角色扮演《三打白骨精》的故事情景之后，就总能在孩子们的嘴中听到这几句话。他们想为小舞台表演制作西游主题的面具，他们找到了各类废旧的纸盘、胶带、毛根等生活物品，开始了面具的制作……

案例实录：

滔滔、安安和小陆找来了一些彩色纸和胶带，只见他们用彩色画笔在彩纸上画上了一个大大的人脸，又补充了眼睛、鼻子、嘴巴等基本面部器官，一个初步的"人脸"画好了，他们又很快地剪了一段胶带贴在脸上。他们发现自己的面具既不好戴，又看不见。滔滔说："面具上要打几个洞的。"

脸上到底有几个洞洞？面具上的哪些位置需要挖洞洞？这些问题让孩子们开始和小伙伴一起探索面具上的"洞洞"的奥秘。

教师识别：

儿童对面具的基本外形是有所了解的，所以他们第一时间画上了基本的人脸，也知道要想办法将面具固定在脸上。同时，儿童在第一次尝试发现完整的一张面具是看不进前方的路时，立马就知道需要在面具上挖洞，要让眼睛与外界链接，发现了面具上的洞洞的奥秘。尽管儿童非常敏锐地意识到了面具是需要有一些洞洞的，但他们对面具有几个洞，每个洞的作用是什么，怎么来挖洞等尚不是特别清楚，他们需要进一步观察与探索。

教师帮助：

1. 在区角中提供镜子，帮助幼儿仔细观察自己的脸，找找脸上有几个洞洞，思考它们分别有什么本领。将对面部的经验延伸到面具中，帮助儿童迁移经验，发现面具上的洞洞的秘密。

2. 提供更多材料。提供更多能推进活动的材料，如橡皮筋、打洞机、安全螺丝刀等，满足儿童后期打洞的需要。

3. 布置面具天地。为儿童布置面具天地，并展示他们的面具作品，帮助儿童体验成功的快乐。

（上海市嘉定区星华幼儿园　朱梦佳）

上述案例是以幼儿感兴趣的"西游记"为主题，通过预设"面具制作"为导引，从而生发的项目化学习活动。通过自组织课程实施策略，教师及时捕捉幼儿的兴趣、问题，通过预设与生成的方式实施课程。幼儿在参与学习的过程产生自己的问题，学习由被动到主动，教师根据问题提供适时的支持，从而进一步推动课程的实施。当幼儿在学习的过程中遇到困难时，他们就会萌发出小组合作学习、自主学习的样式。教师在幼儿学习的过程中始终扮演观察者与支持者的角色，通过提供支持和反馈来促进儿童的学习成长。这种平衡了预设和生成的方法将激发儿童的学习动力和热情，提高他们的参与度和学习效果。

（二）生活化课程实施策略

生活化课程实施策略强调将学习与生活密切结合，利用儿童身边的日常经验和生活场景，创设情境，引发儿童兴趣，提高学习效果。该策略主要包括以下几个方面：

一是利用生活场域，利用儿童的生活经验。教师应该了解儿童的生活环境、生活习惯和兴趣爱好，利用儿童已有的知识和经验，创设情境，使学习变得更加具体和生动。

二是教学与生活融为一体。教师应该将课程内容融入儿童的生活中，让儿童在生活中学习，在学习中体验生活。例如，在语言课程中可以让儿童口头描述自己的家庭成员、朋友和活动，在数学课程中可以让儿童利用日常生活中的数据进行计算。

三是利用生活场域进行课程实施。例如，在照顾自然角及幼儿园小菜地的过程中可以组织儿童进行校园绿化；在健康课程中可以组织儿童进行健康调查。

四是注重情感体验。教师应该注重儿童的情感体验，营造轻松、愉悦的学习氛围。例如，在艺术课程中可以让儿童进行表演和创作，让儿童在学习中体验艺术的美感。

五是引导儿童进行反思。生活化课程实施策略要求教师引导儿童反思学习经验，总结和评价学习成果，从而不断提高学习效果和学习体验。

─────── [案例6-2]　研学活动：又闻稻花香，一起去打稻 ───────

案例背景：

金秋送爽，稻谷飘香，十月是丰收的季节。幼儿园组织儿童前往嘉定旭园农场开展外出研学活动。他们的激情被这好消息点燃了，稻谷与小麦有啥区别？"五谷丰登"中的"五谷"指的是哪些粮食？农民伯伯的农具是怎么演变的？稻子是怎么变成大米的？……小小的脑袋，大大的疑惑。今天，孩子们带着好奇心又开始了讨论……

案例实录：

这几天，孩子们相聚在一起，已经讨论得小有心得了。

小殷："妈妈说，奶奶也种过水稻，大米就是水稻变出来的。"

小柔："是呀，我也知道大米就是水稻，水稻是黄黄的，弯弯的。"

小蒋："我看的视频里有机器，把水稻放进去，出来的就是一粒粒大米了。"

小殷："哦，那这个机器是怎么弄的呀？黄色的水稻怎么就变成白色的米了。"

小翊："反正外面卖的都是米，我们吃的也是大米。"

教师识别：

大班儿童对平时生活中吃到的大米有一定的了解。尤其是在参与过中班主题《在秋天里》的学习后，也能分清楚水稻与小麦的区别。此外，通过儿童互相之间的讨论可以发现，儿童对大米和此次研学活动确实比较感兴趣。在讨论中发现，儿童对于稻谷变成大米有了初步的认识，但认识还停留在表面。他们知道大米是稻谷经过加工后出来的，但对于如何具体处理稻谷使之变成米粒再到如何变成饭桌上的美食仍有一定的疑惑，而且他们对此也非常好奇，特别想要知道。

教师帮助：

1. 丰富知识。在研学活动之前老师与儿童通过绘本、图片、视频等方式探讨水稻的秘密及割水稻时会用到哪些工具？工具该怎么用？稻谷是如何变成大米的？有哪几种方式？

2. 请研学地点的农事老师进一步讲解。在研学过程中，请有疑惑的儿童向基地的农事老师直接提问，借助农场里的专业老师的力量和实地演示帮助儿童加深理解，达成研学过程中的良好互动。

（上海市嘉定区星华幼儿园　朱梦佳）

将教学与社会资源有机结合，利用外出研学的方式将课程予以生活化实施，通过生活的场域，让儿童亲身去体验农场生活。同时，及时捕捉儿童的兴趣，将教学与儿童生活紧密相融，在班级内同样创设生活化的教学环境，有效结合儿童的兴趣点。在教师的支持下，儿童可以通过与生活经验的链接，更好地将学到的经验应用到生活的场景中去。

（三）转换性课程实施策略

转换性课程实施策略旨在通过适当转换学习活动的结构来平衡获得和建构这两种学习结果的重要性。教师可以考虑以下策略：

一是结构逐步转换。教师可以逐步将学习活动的结构从高结构向低结构转换，让儿童逐渐从被动接受知识向主动探究、发现知识转换。例如，在一堂课中，教师可以先进行讲解和演示（高结构），然后再让儿童进行小组讨论或者自主探究，最后进行个人总结和反思（低结构）。

二是结构组合应用。教师可以将高结构和低结构的学习活动结合起来，让儿童在获得知识的同时也有机会进行建构。例如，在进行实验教学时，教师可以先进行讲解和演示（高结构），然后让儿童自主探究（低结构），最后进行小组讨论或者个人总结和反思。

三是结构调整。教师可以根据不同的学习目标和任务，在不同的学习阶段进行结构调整，以平衡获得和建构的重要性。例如，在设计创意作品时，教师可以在创意构思阶段进行低结构的自由发挥，而在实际制作阶段进行较高结构的指导和演示。

通过以上策略的实施，教师可以更好地平衡获得和建构这两种学习结果的重要性，帮助儿童全面发展。同时，教师也可以根据不同儿童的实际情况进行个性化的结构设置，更好地促进儿童的学习和发展。

———————　　[案例6-3]　**小小造桥工程师**　———————

案例背景：

在大班主题《我们的城市》中，我班儿童拓展了对桥的认知，并且对各种各样的桥产生了浓厚的兴趣，他们想尝试用搭建的方式展示千姿百态的桥。同时，以此为出发点，利用自主游戏时间，在大型积木建构区进行以"桥"为主题的搭建游戏，满足儿童对各种各样的桥的建构愿望。

案例实录：

孩子们来到建筑工地，选择了各类工具后开始搭建城市，有的搭建了高楼，有的搭建了花园。

小西："老师，有没有外白渡桥的图片啊？"

老师："暂时没有噢，你想搭建外白渡桥吗？"

小西："对呀，我等下想搭一座外白渡桥。"

老师："你去过外白渡桥吗？"

小西："我去过，我还拍了外白渡桥的照片，但是我有点想不起来是哪一个。我和彬彬能用你的手机找一些外白渡桥的图片吗？"

老师："可以啊。"

于是，彬彬高兴地拿着"外白渡桥"的照片，与小西、小熊两名小朋友结成一组一起搭建。

教师识别：

1. 经过小、中班两年的建构游戏，大班儿童已经掌握了搭建的基本技能、技巧，例如，垒高、平铺、延长、排列等，并能够在搭建游戏中综合运用这些基本方法来搭建他们自己想要搭建的物体。

2. 儿童通过观看不同类型的桥的图片与视频、回忆自己曾经去过的桥、实地感受几座桥等方式，积累了对桥的基本类型、基本构造、基本原理的认知，加上游戏主要发起者（彬彬）有曾经去过上海外白渡桥的经历，为本次游戏奠定了"桥"方面的相关认知经验基础。对于本次游戏中的三位儿童来说，在之前游戏中尽管有两位儿童有过合作游戏的经验，但这三位儿童之间还未曾有过合作游戏的经历。

3. 从儿童缺乏的经验来看，儿童对外白渡桥的外形特点的经验有所缺失。造桥的想法来源于儿童自身，是儿童自发的游戏，是他们建立在对周围环境和物体的认知基础上的再现和创造。儿童对生活中的建筑——桥有了较细致的观察和了解，也有了丰富而深刻的印象，这是开展本次游戏的基础。当建构游戏的主题被确定后，就应充分利用各种形式和手段丰富儿童的有关经验，这样才能保证儿童能玩得起来。

教师帮助：

1. 提供实物图片，帮助儿童丰富经验。当我看见儿童迫不及待地想要搭建外白渡桥时，我与他们一起讨论了用哪张外白渡桥的图片更好，并帮他们打印出彩色图纸，尽可能为儿童创造条件，满足他们的搭建愿望。

2. 增强儿童的成就感。利用集体活动分享儿童的两次搭建作品，增进儿童搭建时的成就感。其中，重点引导儿童看到自己在搭建过程中的"闪光点"：例如，在搭建时能根据自己的需要选择合适的材料等，增强儿童在建构游戏中的成就感和自我效能感。

（上海市嘉定区星华幼儿园　朱梦佳）

低结构是教师了解儿童经验，对儿童进行有效指导与推进儿童发展的重要场域。高结构活动是在短时间内集中达成教育教学目的的活动。在上述的案例中，教师应用了结构组合，通过低结构活动了解儿童的已有经验，通过预设开展高结构活动，增进儿童的成就感。儿童既能通过直接经验和探索来建构知识，又能通过教师所提供的结构化学习活动来获得相关知识。这样的综合实施策略有助于促进儿童的多样化学习方式和综合发展。

（四）情境链课程实施策略

情境链课程实施策略是一种综合性的策略，旨在促进儿童在获得和建构之间的平衡。情境链是指学习过程中各种学习情境的有机组合，可以是儿童的生活、课堂、社会环境等。这一策略旨在帮助儿童在不同的情境中应用他们所学到的知识和技能，从而实现获得和建构的平衡。下面将重点介绍情境链课程实施策略的方法和实现过程。

一是设计情境链。教师可以设计一个包含不同情境的情境链，让儿童在这些情境中应用所学到的知识和技能。这个情境链可以是由教师和儿童共同设计的，也可以是由儿童自己设计的。

二是引导儿童。教师可以引导儿童在不同的情境中应用所学到的知识和技能，鼓励他们在实践中不断改进和创新。

三是评估学习成果。教师可以通过观察儿童在不同情境中的表现和评估儿童的作品来评估学习成果。

情境链课程实施策略是一种通过设计教学情境链条来促进儿童深度学习的策略。它是在学习结果要素的基础上进行设计的，旨在促进儿童在获得和建构之间实现平衡。情境链课程实施策略的核心思想是通过将多个学习情境进行有机组合，形成情境链，以帮助儿童在学习过程中掌握知识和技能，并在实践中进行反思和思考。

情境链课程实施策略的具体实现包括以下步骤：一是确定学习目标：明确儿童应该掌握的知识和技能，并以此为基础来设计教学情境链。二是设计情境链：根据学习目标，设计一系列能够相互联系的情境，形成情境链。每个情境应该能够让儿童在实践中掌握和运用相关知识和技能，同时也应该能够激发儿童的思考和反思。三是实施情境链：在实施情境链时，需要注意每个情境之间的联系和衔接。教师需要引导儿童进行反思和思考，帮助他们将在不同情境中学到的知识和技能进行整合和应用。四是评价学习效果：在实施情境链的过程中，需要及时对儿童进行评价，以了解儿童的学习效果。同时也需要对情境链的设计进行评估，以不断优化情境链的设计。

情境链课程实施策略的优势在于它能够帮助儿童在实践中进行反思和思考，从而更深入地理解所学知识和技能。此外，情境链中的不同情境之间具有相互联系和衔接的特点，能够帮助儿童在学习过程中形成系统性的知识结构，从而更好地掌握和应用知识和技能。

总之，情境链课程实施策略是一种通过设计情境链条来促进儿童深度学习的策略。它能够帮助儿童在获得和建构之间实现平衡，提高学习效果，是一种值得推广的教学方法。

────────────── ［案例6-4］ **谁才是老板** ──────────────

案例背景：

角色游戏是儿童特别喜欢的游戏，特别是进入大班之后，他们对角色的职责与分工展现出不同于中班时的认识与热情……

案例实录：

这天，小杰选择了"风味小吃店"游戏，他卖起了汉堡。在游戏中，他发现制作羊肉串的小谢离开了，立刻跑去摆弄制作羊肉串的材料。小谢回来后，与小杰吵了起来。因为，此时的小杰怎么也不愿意离开制作羊肉串的岗位，他让小谢去卖羊肉串，小谢不愿意，并据理力争道："明明是我在做羊肉串的，我先来的。"小杰想了想说："那我们石头、剪刀、布。"结果，小杰输了，小谢又去卖羊肉串了。

教师识别：

1. 从案例中儿童的已有经验来看，当角色游戏进行到一定的时间时，在同一游戏中出现了不同的角色，而各角色有自己不同的职责。在游戏展开的过程中，儿童之间因为"你该做什么？我该做什么？"发生了争吵，这说明儿童的游戏水平在进步。

2. 从儿童缺乏的经验来看，儿童的游戏角色少、不稳定，没有明确的角色分工。随着游戏的逐步开展，游戏角色增加了，游戏的情节也丰富了，但儿童常常受游戏材料和参与游戏的人数等因素的影响而离开自己当前的游戏角色，参与到其他游戏中，甚至强占他人的角色。这些现象的出现告诉教师，儿童的游戏需要规则和明确的角色分工，他们在游戏中必须明确自己的角色，并履行自己的角色职责。

教师帮助：

1. 交流分享。角色游戏中儿童的争论源于游戏中所产生的问题，因此，通过交流分享的方式组织儿童共同讨论这些问题，并商议解决方案。从而让角色游戏从单一的情境"小吃店"扩散开来，形成"小吃一条街"情境链或者"产地直供"情境链，以师幼共建的形式创设情境链。

2. 及时关注。在儿童游戏的过程中关注每一位儿童，当他们有困惑、疑虑的时候，我们都要及时给予帮助和鼓励。

3. 强化评价的力量。对于游戏的开展情况，教师的评价与儿童的评价是不同的。因此，在游戏情境链开展的过程中，我们可以强化评价的力量。通过儿童自评、儿童互评以及教师同评的形式以评价的力量推动儿童游戏的发展。

教师思考：

教师运用情境链课程的实施策略，对儿童在游戏中所产生的问题进行共同讨论，从而将单一的情境转变为多元的情境链，从"小吃店"到"小吃街"，始终不变的是儿童对各个角色间职责的理解。同时，在后续游戏的开展过程中，教师为儿童提供适时的帮助，通过一对一倾听了解儿童的需求，给予适切的帮助。最后，通过评价的力量，运用儿童自评、互评以及教师同评的形式，评价游戏中的角色、游戏的情节等，从而进一步推动儿童角色意识的发展。教师在实施过程中将扮演指导者和引导者的角色，鼓励儿童探究、发挥创造力。教师可以通过观察儿童在每个情境中的表现、参与情境链的讨论和评估儿童的创意作品来评估学习成果。

（上海市嘉定区星华幼儿园　朱梦佳）

　　学前教育的实施面临着越来越复杂的情境，教师和儿童也面临着高结构与低结构的挑战。为了实现学前教育课程的平衡发展，本研究从平衡发展理论的角度出发，构建了一个实施平衡模型，并提出了实现策略。该模型通过案例分析得到了验证，可行且有效。这一模型对于帮助教师和儿童更好地应对复杂情境具有重要意义。学前教育的平衡发展是培养儿童全面素养的关键，为他们健康、知识、情感和能力的全面发展奠定了基础。首先，理解学前教育课程的复杂情境，包括预设、生成、校园、社会等因素，并认识到教师和儿童在实施过程中面临着高结构和低结构的挑战。其次，平衡发展理论在构建实施平衡模型时提供了有效的理论基础。该模型的设计应当综合考虑儿童的发展需求与教师的教学需求，并通过合理的课程设计与策略选择使其达到平衡。最后，通过案例分析验证实施平衡模型的可行性和有效性，进一步证明了该模型的实用性。

　　然而，还需要进一步深入探讨如何在教育实践中应用该模型和策略。这可能涉及教师培训与支持、教材设计与评估、家庭与社区合作等多方面的问题。进一步的研究和实践的努力将有助于推动学前教育领域的发展，并促进儿童的全面发展和幸福成长。

（上海市嘉定区星华幼儿园　许赟婷）

第七章
课程主体平衡及其实现策略

课程主体平衡的意义在于实现课程效益的最优化，促进儿童的全面发展。要实现课程主体平衡需要关注成人与儿童、个体与团队、主体与客体之间的协调。课程主体平衡的实现策略包括采用主体联系策略，了解儿童需求后提供个性化资源；采用雁阵效应策略，引导主体发挥团队合作的价值；采用主体间性策略，重视儿童的主体能力与课程的客体价值。

学校课程构建是一个多元主体共同参与的过程，需要建立在各主体之间达成的学校课程共识的基础上。然而，何谓"课程主体"？却一直没有从理论上加以澄清。课程主体普遍是指在学校课程建设中参与课程规划和实施的各方。通过对学校课程共识的现象本质、认知特征以及课程活动的归属感进行全面分析，我们可以知道，学校课程共识应该是学校课程主体在实施国家和地方课程规划的过程中，在集体制定和实施学校课程决策的过程中，以理性同意和协商统一为基础，对学校课程建设中的公共事务所达成的一致认识，它针对的是在不同层次的课程转化和相同层次的课程协作的过程中，由于课程主体的不同而导致的课程差异问题。学校课程共识对于学校课程建设的价值在于形成多方参与、齐心协力、互相配合的课程建设主体格局，最大限度地将各方的利益诉求发挥出来，提高学校课程决策的理性水平，进而推动学校课程建设的高质量发展。课程主体，通过协商达成共识，统一考虑个体和群体的利益关系，平衡个体和公共课程利益，关注课程主体之间的平衡，实现课程共识，从而促进多方合作，平衡各方利益，提高教育质量和效率，推动学校育人工作的发展。

一、课程主体平衡的意义

课程的主体是学生，但检索全网后发现缺少有关课程主体平衡的研究。我们认为的课程主体平衡是指课程资源的开发、利用和配置，以及对不同利益相关者（学生、教师、家长等）的协调和管理。课程主体平衡是现代教育活动中的一种重要现象，它对于实现教育活动的最优化，促进人的全面发展具有重要意义。但是，要实现课程主体平衡，就需要实现不同利益相关者之间的利益均衡，包括学生、教师、家长等不同利益相关者之间的利益均衡，以及学校内部不同利益相关者之间的利益均衡。在进行教育教学活动时，要充分考虑不同利益相关者的需求，协调好不同利益相关者之间的关系，以实现对学生、教师、家长等不同利益相关者的教育教学活动的优化。

从理论的角度来看，课程主体平衡是教育活动中不可或缺的重要组成部分。

在课程设置和教学过程中，需要充分考虑学生的个体差异，确保每个儿童都能得到适合自己发展的教育资源和学习环境。

从实践的角度来看，课程主体平衡对于教育教学活动的有效开展具有重要的推动作用。它能够让教师更好地了解儿童的需求和特点，制定更加个性化和差异化的教学计划，从而增强儿童的学习动力和积极性，提高他们的综合能力。

因此，要实现课程主体平衡，不仅需要考虑不同利益相关者之间的利益均衡，还需要关注成人与儿童、个体与团队、主体与客体之间的协调和管理。个体和团队相统一，将学生视为主体，教师则是促进学生发展的客体，应充分照顾不同利益相关者的需求。

二、课程主体平衡模型

幼儿园的课程不是简单的文本、抽象的概念，而是由一个个有趣的活动组成的一幅儿童生活画卷。在开展"你认为幼儿园课程的实施主体有哪些人"的问题调查时，部分教师、多数家长认为主要是园长和教师，我们认为还应包括幼儿和家长，在幼儿园课程中，园长的领导力、教师的自主权、幼儿和家长的参与权都是保障课程实施的重要保障。课程主体平衡就是确定课程实施者之间的选择及其平衡。因此，学前教育课程主体平衡可以被总结为如下两个方面的平衡。（见图7-1）

图7-1　课程主体平衡模型图

上图中，三类课程主体平衡的具体内涵如下。

（一）儿童与成人

当儿童作为教育主体时，实现儿童与成人之间的关系平衡尤为重要。这种平衡建立在主体性和他者性之间的关系之上。

一方面，成人应当尊重儿童作为有独立个性主体的存在。儿童不是客体或手段，他们具有自身的情感和认知需要。成人需要倾听儿童的想法，理解儿童的知觉世界，尊重儿童独特的认知成长轨迹。这需要成人克制权威性，强化自身作为引导他者的能力。成人应该为儿童提供一个包容和开放的环境，让他们有机会自由地表达自己的想法和情感，从而实现儿童与成人之间的平等互动。

另一方面，儿童的主体性仍处于认知上的开放且不完整状态，需要成人作为他者存在提供外在调节。儿童本能地渴求成人作为"引领他者"介入，激活和生成自身的主体性。在此过程中，成人应以通透、开放的思维观点回应儿童，协助他们解决认知困惑，激发想象力并产生新颖的联想。成人应该为儿童提供有益的刺激和指导，帮助他们充分发掘自己的主体性，并推动成人与儿童之间建立起有益的互动关系。

只有当儿童的认知需求和局限性被充分理解和顾及时，成人作为他者的介入才能得到及时的回应。儿童的主体性和他者性才能互补互帮。在儿童自我完善的过程中，成人自身的主体性也将受益。主体间性共同成就了主体内在性的生成。

儿童与成人关系的动态平衡在于成人尊重并启发儿童的主体性和认知需求，同时提供自身作为他者存在的引导和启示。儿童则通过与成人的互动交流，实现主体性和他者性的统一。只有建立在公正互动和互为成长的基础上，儿童与成人的关系才能和谐互进，并实现教育活动的最优化和儿童的全面发展。（见图7-2）

图7-2　儿童与成人相结合的课程主体平衡图

（二）个人与团队

教育的主体价值系统中既具有个体自我需求的部分，也有群体意志共享的部分，化解二者之间的边界张力，需要彰显个性部分的张力，使各主体在融入集体的过程中不失其自我独立性。因此，需要化解"个体抉择"与"群体意志"之间的边界张力：第一，个人意志的核心属性指向教育主体个别自身的专业发展，基于自我专业素养内在动力的提升来生成行动策略，以相互学习、彼此切磋的心态，形成独立自主的思维意识；第二，群体意志出自某一群体的集体诉求，例如，学生有学生的需求，教师有教师的需求；第三，群体意志的开放性不受其他因素的限制，个体可以随时卷入到群体文化中进行学习、分享与交流，形成一种彼此开放、相互信赖、通力协助的群己关系。[①] 从个人到群体，这是教育主体发展的两个阶段，也是教育主体发展的不同层次。在不同层级中，个人价值的发展是在群体中不断升华而成的，是一个螺旋式上升的过程。（见图7-3）

图7-3　个人与团队相结合的课程主体平衡图

（三）主体与客体

教育主体是指在教育活动中有意识地认识和作用于客体的人。教育理论界对教育主体的认识持下述观点：教育者，主要是指教师、园方等课程组织者。教育者有目的、有计划地对受教育者施教，以自身的活动与影响引起和促进受教育者的身心发展，教师在教育活动中发挥主导作用。教育客体与"教育主体"相对，是指教育的对象，即受教育者。教育客体有自己的身心发展规律和个性特点，对教育主体的活动有制约作用。[②]

一般而言，教师和园方等是在课堂教学中承担实施课程计划、教学计划、组织教学过程等职责，向学生传授知识、技能，培养教育客体（学生）德、智、体、美、劳全面发展的教育工作者。教育主体是学生学习活动的组织者、指导者和帮助者，是课堂教学的组织者和指导者。

学生和家长等是学校教育活动的教育客体。学生作为受教育者，接受教育主体开展的教育活动，并完成教育主体所规定的学习任务，还需要掌握一定的文化科学知识和技能，养成良好的思想品德和行为习惯。

[①] 李栋.教育理论的实践转化机制研究——基于教育主体"行动策略"生成的维度［J］.高等教育研究，2021，42（4）：61-72.

[②] 顾明远.教育大辞典［M］.上海：上海教育出版社，1998.

教育主体价值和教育客体价值是一个辩证的关系,两者是统一的,不可分割的,即教育主体价值是教育客体价值存在和发展的基础,教育客体价值是教育主体价值存在和发展的表现;教育主体价值决定着教育客体价值存在和发展的方向,两者互相促进,相互制约,辩证统一。离开了教育主体价值,就谈不上对教育客体价值的认识和把握;离开了教育客体价值,也就谈不上对教育主体价值的意义。要正确认识和把握教育主体价值与教育客体价值之间的辩证统一关系,就必须弄清两者之间存在的各种具体而复杂的关系。(见图7-4)

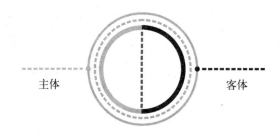

图7-4　主体与客体相结合的课程主体平衡图

总之,学校课程构建需要多个主体共同参与,并在各主体之间达成共识。同时,实现课程主体平衡对于优化教育活动、促进人的全面发展具有重要意义。

三、课程主体平衡策略

为使学前教育课程更好地兼顾个人与团队、教育主体价值与教育客体价值,本研究在此基础上进行了探索。在此,我们将以课程主体平衡策略为切入点,来整理一下这些实践。

(一)主体联系策略:在儿童与成人之间

在儿童与成人之间,主体联系策略是一种重要的教育策略,旨在促进儿童与成人之间的平等互动和合作,营造有益的学习环境,实现教育目标的全面达成。

主体联系策略的核心思想是:

一是将儿童视为教育主体,鼓励他们积极参与学习,发展自我意识和自我学习能力,同时也关注他们与周围环境的联系和互动。

二是成人在此过程中作为儿童的引领者和启示者,需要与儿童建立平等、信任和尊重的师幼关系，为儿童提供适宜的学习环境，引导儿童参与社会实践，促进儿童之间的互动和合作，同时也给予儿童个性化的学习支持和帮助。

三是关注儿童之间的互动和合作，鼓励他们相互协作、交流和分享，从而创设良好的学习氛围，提高学习效果，培养儿童的创新能力。

总之，在课程实践中，主体联系策略的实施需要关注儿童的认知需求和局限性，并结合儿童的个性化学习需求，提供多样化的教学资源和工具，使儿童在实践和体验中发现和探究知识，从而促进儿童与学科之间的联系和互动。

由此可见，主体联系策略能够实现儿童与成人之间的和谐互动和共同成长，促进教育全面发展目标的实现。

［案例7‑1］ 以课题《家园携手，促进3—6岁幼儿礼仪行为养成》为例

案例背景：

通过《幼儿在园礼仪行为调查表》及《家庭幼儿礼仪行为现状调查表》两项问卷的调查，结果显示：一方面幼儿缺少交往的方法，又因为受"自我意识"较强的年龄特点的影响，他们的交往礼仪是欠佳的；另一方面，幼儿在主动关心他人、听从长辈教导、打喷嚏礼仪、会协商、坐姿礼仪、进餐礼仪等方面也是需要强化的。

核心内容：

通过家园共育，培养幼儿礼仪行为的养成，既为幼儿的成长奠定基础，更是为今后的可持续成长所必需的综合能力素质的养成打下扎实的"地基"。

实施方法：

一、开展多途径的幼儿礼仪教育

一是好书推荐。购买、收集与文明礼仪相关的图书，以"图书漂流"的形式在家庭范围内进行亲子阅读活动，以班级为单位每周交换一次。同时，在班级中推荐一本文明礼仪绘本，幼儿在餐前、睡前、离园等时间段自行、集体阅读，初步理解故事中的礼仪行为。后续再开展"听故事、学礼仪"活动，使幼儿对文明礼仪行为的理解和落实得以巩固。

二是自说自画。秉持"说大于画"的宗旨，将重点落在对绘本的理解和表述

上。大班幼儿根据礼仪主题创作美术作品，并以录音笔的形式进行表述。作品完成后投放于语言区域中，通过录音笔听听画中的文明小故事；中班幼儿结合基础课程中的艺术活动，选择与礼仪相关的主题内容进行自说自画；小班幼儿则是亲子创作作品、共同录制故事，并放于语言区域中欣赏。

三是亲子活动，包括亲子阅读和亲子研学。亲子阅读，在看看、说说、学学中，幼儿的文明礼仪意识及行为得以增强；亲子研学，包括幼儿园组织的、家庭自发的两种形式，它融入了很多文明礼仪的内容，如：安全乘车、友好交往、保护环境、有序活动等，幼儿在研学过程中呈现出对所认知的文明礼仪的内化，由内而外地展现出"小淑女"和"小绅士"的形象。

四是家园互动。一方面加深了家园之间的联系，让家园共育更有效。另一方面，家长相互分享和借鉴彼此的礼仪教育方法以及教育经验，实现教学相长。其中，具体包括日常互动（家长开放日活动、家委会会议、班级微信群等平台）、主题互动（亲子礼仪故事会和礼仪教育交流会）两个方面。

二、指导家长开展礼仪教育

一是亲子绘本阅读。家长实施教师以绘本为载体设计的适合各年龄段的家庭礼仪教育活动。活动前夕，家长观摩幼儿园的阅读活动，感受将礼仪融入在绘本中的有效教育，并结合好书推荐活动在家里开展类似的活动。同时，教师鼓励家长尝试根据绘本的价值点进行适当改编，例如，选取绘本中的一个价值点来改编，让绘本更有针对性地为礼仪教育服务。

二是家长礼仪培训。根据家长自身所表现出的礼仪，增强他们文明礼仪的意识及行为。包括邀请专家来园讲座、教师日常培训和家庭礼仪手册指导三个方面，使家长从中感受到礼仪教育在幼儿的成长道路上的重要性。同时，他们的礼仪教育的意识、教育观念和教育方式也获得了提升和转变，从而进一步规范幼儿的文明行为，促进幼儿个性品质的养成。

实施成效：

一、从幼儿礼仪行为的表现情况来看

在幼儿园：每天早上的来园时段，都会有几位礼仪小天使站在门口迎接朋友们的到来。他们服装整洁、站姿挺拔、面带微笑，一声声稚嫩甜美的"早上好"，让每一位孩子拥有开启快乐一天的美好心情；班级"小小达人榜"从开始的寥寥无几到人员拥挤，更多孩子们的身影"站"到了达人榜上；在家里，幼儿坚持自己的事情自己做，并能主动帮助家长做一些力所能及的事；主动关心家人，家人身体不适时会用言语和行动表达自己的关心；进餐时努力做到光盘；路上遇到朋友会主动打招呼问候……

二、从家长的观念及行动上来看

一是观念上的改变。家长对于文明礼仪培育的重要性有了很大的改观。从"孩子还小，慢慢会有礼貌的"到"孩子就是这样，说也说不好"再到"文明礼仪一定要从小抓起"。二是行动上的坚持。在日常生活中，家长会更关注对幼儿文明礼仪的引导。在个人礼仪及交往礼仪方面加强教育，从打招呼到进餐，再到谦让，大多数家长都能坚持引导幼儿的认知、规范幼儿的行为，帮助幼儿在学礼仪的过程中更好地内化，并在日常生活中得以体现。

（二）雁阵效应策略：在个人和团队之间

雁阵效应能使飞行更加省力，并提高雁群的视野和警觉性，从而提高飞行效率和安全性。这种队形展现了团队协作的重要性，也启发了许多关于团队合作的管理理论。在课程的开发与实施中，同样需要像雁阵一样的团队协作和领导参与。例如，必须有组织，有领导；需要学校领导的参与；需要教师的合作；制定详细可行的实施方案；将学校规划的课程、学科整合成具体可行的项目计划。同时，学校要有良好的课程氛围，形成民主平等的人际关系，学生之间、教师之间，要互相合作、理解、尊重和支持。

从个人角度来看，将雁阵效应比喻为课程开发与实施过程中的团队协作，我们会发现它们有许多相似之处。就像雁阵中的每只雁都有自己的位置和角色，课程开发与实施过程中的每个团队成员也都扮演着重要的角色。组织、领导和教师的参与与合作至关重要，就像雁群中的每只雁都需要配合飞行。制定详细可行的提纲和课程目标，就如同给雁群规划了飞行路线，为团队提供了发展的方向和目标。

从团队角度来看，团队协作对于课程开发与实施的重要性不言而喻。当每个团队成员都能发挥自己的作用时，团队就像雁阵一样，能够更加高效地实现课程目标。团队协作不仅提高了工作效率，也增加了工作的安全性，避免了一些潜在的风险和错误。

总之，雁阵效应策略在个人与团队之间的应用和意义不言而喻，它能够提高工作效率和团队凝聚力，既是团队合作中的重要策略之一，也是课程主体平衡的重要保障，能够有效促进教育的全面发展。只有当个人和团队都能够理解和运用这种策略时，才能够更好地实现共同的目标。

─────────── [案例7-2] 构建新教师"星芽社团" ───────────

一、指导思想

以促进青年教师的成长发展为核心，以保证幼儿教育质量为目标。在认真贯彻幼儿园园务计划、业务计划指导思想的基础上，通过开展丰富、多彩的社团系列活动，努力打造一支充满活力、智慧的教师队伍，帮助青年教师迅速成长。

二、情况分析

从近两年起，我园陆续招收了许多新教师，大量新教师的加入，使幼儿园师资队伍日渐年轻化。为了落实上级文件精神，使新教师适应教育教学需要，提高素质，保证幼儿教育质量，特制定与实施幼儿园"星芽社团"计划。（见表7-1）

表7-1 1—3年新教师的基本情况

基本情况	专业情况			学历情况			户籍情况		年龄结构	
	非师范类	师范学前专业	师范类非学前专业	硕士	本科	专科	上海籍	外省市	20—30岁	30—35岁
人数	8	1	0	1	8	0	8	1	9	0
总数	9									

优势：

新教师自我综合素质高、学习创新能力强，具体表现为：学历层次较高，且好学，能利用休息时间自己充电学习；创新意识、现代化教学技能比较强，善于接受新信息、新事物，有非常大的挖掘潜力；有爱心，有活力，有冲劲，对工作的积极性非常高。相互学习，积极的团队工作氛围正在形成；能认真跟随师父的指导成长，自身专业化水平提高快。

不足：

新教师课程改革、班级管理、家长沟通等实践经验弱，具体表现为：对课程改革理念、方向、核心问题了解不够，理念与实践之间缺乏有机联系；对幼儿园一日环节的组织和实施缺乏相应措施；缺乏班级管理经验以及与家长交流的艺术；实践经验少，理论与实际相脱节的现象普遍存在；对幼儿的年龄特点把握不准，集体活动的设计中缺乏对活动价值的挖掘。

三、培养目标

新手教师（1年内）：树立正确的教育教学思想，遵守师德规范，提高为人师表的自觉性，有一定的爱岗敬业精神；解读新课程理念、新教材，理解并掌握基本教学方法。

新芽教师（1—2年）：了解园内师德师风建设制度，进一步增强教师的工作责任感和主动性；内化课程理念的新教材，能运用基本的教学方法开展实践活动。

新星教师（2-3年）：通过外出学习和观摩实践活动，树立正确的儿童观，力争做一名合格的教师；积极参与幼儿园里的各项实践研讨，能逐步展现个人良好的技巧、技能。

四、具体措施

一是业务培训的全面性、均衡性。制定自身发展规划，建立新教师成长档案；通过与骨干教师结对，进行半日活动和教学现场观摩，提高一日环节的操作能力；加强周日计划中各个环节的教学反思，提高反思能力和调整能力。

二是思想道德的严谨性、渐进性。认真履行《上海市教师师德规范》，爱岗敬业，自觉遵守幼儿园内的各项规章制度；恪守育人第一的教育理念，对班中所有孩子倾注同样的爱；言谈得体、举止大方，同事之间做到团结友爱、互帮互敬。

三是文化建设的多样性、凝聚性。注重礼仪文化修养，能注意自己每日的穿着打扮，做到衣着得体、整洁大方，符合教师的形象；积极参与谏言活动，体现幼儿园建设靠大家的思想。

（三）主体间性策略：在主体和客体之间

在教育课程中，主体间性策略扮演着至关重要的角色。这一策略强调了人们对他人意图的推测与判定，包括一级和二级主体间性的认知。在教育中，主体性体现在以学生为本、以教师为主导、以教材为中心等方面。

一级主体间性在教育课程中得到了体现。学生通过对教师意图的推测与判断，能更好地理解教师的期望，从而更好地完成学习任务。同时，教师也通过对学生的需求和学习状态的认知，能够更好地调整教学方法，满足学生的学习需求，使教学更加贴近学生的学习实际，提高学生的学习效果。

二级主体间性也在教育课程中体现。学生通过对同学之间相关意图的推测与判断，能够更好地理解同学的需求和情感，建立更加融洽的人际关系。同时，教师对学生之间互动和群体动态的认知，有助于教师更好地引导学生之间的合作学习和团队合作，培养学生的团队精神和合作能力。

主体性在教育课程中的体现具有重要意义。以学生为本、以教师为主导、以教材为中心等方面的体现，能够起到促进学生学习、发展和创新的积极作用。学生能够更加积极主动地参与学习，发挥自己的潜力，提高学习效果，培养综合素质和能力。

综上所述，主体间性策略在教育中具有重要的意义。它能够促进学生主体性的发展，培养学生的综合素质和能力，为学生的未来发展打下坚实的基础。因此，在教育中，我们应该重视主体间性策略的应用，努力创设良好的教育环境，为学生的发展提供更加有利的条件。

—— ［案例7-3］　中班主题站点式个别化学习活动"秋叶飘飘" ——

案例背景：

秋风吹，秋叶飘。飘落的树叶引起了孩子们的极大关注。他们在户外活动时追逐着翩翩飞舞的落叶，兴奋之情溢于言表，小脑袋里也涌现出许多问题：秋天的树叶怎么变黄了？地上的小虫子哪去了……

推进思考：

有一天，小明带了一片梧桐树叶来幼儿园，大家马上七嘴八舌地讨论开来。"我见过这种树叶，这是梧桐树的叶子。""这片树叶都已经死了，已经枯了。""我还见过圆形的树叶呢！""到了秋天树叶就会掉下来的，它就是营养不够了。""我明天也要带一片落叶来，比这片还要大的。"……正值秋季，树叶掉落，孩子们把关注点都集中在"落叶"身上。于是，老师建议孩子们回家寻找落叶，并将落叶带到幼儿园。随后，也因落叶产生了很多话题："到了秋天，所有的树都会落叶吗？""为什么落叶的形状都不一样？"为什么到了秋天落叶才会掉下来？"……

第一次推进

抛出问题：

阶段一：寻找落叶——信息调查与收集

老师在开展完集体活动《秋叶宝宝旅行记》后，让孩子和父母一起去寻找秋天的落叶，观察不同树叶的特征。在寻找树叶的过程中，孩子们发现树叶的大小、颜色、形状都不一样。在交流中，孩子们还对树叶到底有多少种形状产生了兴趣：树叶长得都一样吗？

镜头一：孩子们把收集到的树叶都带到了幼儿园，大家一起比一比，看一看。"我的树叶是扇形的。""你这是银杏树的树叶。""看我的树叶像个手掌一样。""我的才厉害呢，这是片最大的树叶。""我的树叶最漂亮，它是红色的。"……

阶段二：探究阶段——为什么有的树叶会变黄，有的不会

孩子们对树叶为什么变黄产生了极大的兴趣，于是，老师带着孩子们寻找有关树叶变化的资料，看看为什么有的树叶变黄了，但是有的树叶却还是绿色的。当孩子们寻找到相关图书及视频录像资料后，孩子们知道了树叶里的奥秘。此外，老师还提供了小锤子、纸巾、树叶、放大镜、笔和记录纸、有关树叶的书籍等。

镜头一：孩子们纷纷拿出树叶，进行对比。有的小朋友用手摸一摸，绿色的树叶厚厚的，黄色的树叶薄薄的，用力一点，树叶就碎了。有的孩子把两片树叶放到阳光下，发现树叶能透出光来。于是，孩子们纷纷用纸和笔，把自己的发现记录了下来。

镜头二：树叶里面到底是什么？孩子们越来越好奇树叶里面到底是什么，于是老师在网络上寻找到了有关树叶里面的视频，让孩子从视频中直观地看到树叶里面的叶绿素和细小的叶脉，而且每片树叶上都有一个个小小的气孔。变黄的树叶是落叶树，叶子上有很多的小气孔，容易散发水分。而变黄的树叶则是常绿树的树叶，它的叶片很厚，叶面光滑，还被蜡质包裹，不容易散发水分。当视频播放完之后，孩子们顿时就兴奋了："我看到一个一个叶绿素了。""我看到了好多叶脉。""原来有的树上也有小气孔，所以水分都蒸发了。"

镜头三：通过前一段时间对视频内容的了解，老师和孩子们后续又共同进行了探索研究。做实验是最好的体验，中班孩子开始有意识地对事物或现象进行观察比较。孩子们纷纷拿出来了树叶，做起了小实验。有的孩子拿出刮片："看，树叶上白白的蜡被我刮下来了。""看，我把树叶剪开了，这片树叶里面还有叶绿素。""你看，黄色的树叶已经没有水分了，我一捏就碎了。"

教师收获：

在将近一个月的时间里，孩子们和同伴有互动，有探讨，为了探究树叶的秘密，孩子们使用老师提供的视频录像、书籍，边看边做记录，寻找信息和同伴分享。在这一过程中，孩子们关注实验对象，并对实验现象产生兴趣，通过图画或其他符号进行学习记录并表达。通过实验发现，孩子们对树叶的探索兴趣高涨，主动学习欲望强烈。这样一个主题站点式个别化学习活动，不仅仅是重在结果，更重要的是，孩子们的自主学习与探索意识在过程中逐渐增强。

第二次推进

调整与推进：

树叶可以怎么玩？通过与秋叶一起游戏、进行与秋叶有关的艺术创想等活动，让孩子体验与"秋叶"互动的趣味性。老师先和孩子们一起讨论树叶的玩法，他们发动小脑筋，想了各种好玩的活动。

树叶拼贴画。一片片形状不一的树叶，拼贴起来，会有什么不一样的景象呢？发挥想象力，用树叶创作一幅美丽的树叶剪贴画。提供各类树叶、固体胶、双面胶等。幼儿根据树叶的形状，进行想象拼贴，创作出各种简单的造型。此外，在拼贴的时候进行简单的布局，并进行添画。老师的观察点在于观察幼儿大胆选择树叶进行制作的方法及制作时表现物体主要特征的能力。

旋转的落叶。飘落下来的树叶怎么再次让它旋转起来呢？方法一：吹树叶。两名幼儿在桌子前面对面，将几片树叶放在桌子中央，两人轮流吹树叶，比比谁能将树叶吹翻面。方法二：接落叶。幼儿面对面站好，一名幼儿站在凳子上，手拿一片树叶并举到适当高度，另一名幼儿则双手自然伸开，手拿树叶的幼儿突然松开手，另一名幼儿赶紧去接树叶。

教师收获：

"秋叶飘飘"是一个季节性比较强的主题活动，孩子们在与"秋叶"的亲密接触中探究思索、尝试表达，主题活动从"舞动的秋叶""好看的秋叶""好玩的秋叶"三个方面展开，从整体感受到局部观察、创造表达两个目标方面逐层推进，体现了孩子们在主题活动中自主建构经验的过程。

第一层次"舞动的秋叶"，孩子们整体感知秋叶飘落的形态，并运用语言、肢体动作来表达、表现树叶飘落的情趣。

第二层次"好看的秋叶"，是关于树叶的视觉形象与细部特征的一系列探索与表达活动。孩子们在感受秋叶的颜色、形状等鲜明特点的基础上，通过观察发现更为细微的特征，如不同叶脉、叶片上的绒毛、叶片边缘的齿形等，再通过比较，发现落叶里更多细小的秘密，由此展开联想与创作表达。

第三层次"好玩的秋叶"，是关于秋叶的一系列创意表达与表现活动。通过与秋叶一起游戏，进行与秋叶有关的艺术创想等活动，让孩子们体验与"秋叶"互动的趣味。

第一，从幼儿角度来看：一是学会了观察、记录。在主题站点式个别化学习活动中，孩子们的观察力与注意力、思维力、情感体验等心理活动有极大的关系。有趣的树叶作为一个载体，激发了孩子们的观察及记录兴趣，在过程中主动发现变化，并与同伴、老师交流。二是主动发现探索。从"收集树叶"活动出发，通过集体活动、实验的成果，萌发孩子的探究热情。活动前期，还是以老师引导为主，但是到了后期，都是孩子自主提出问题，解决问题，分享交流。

第二，从教师角度来看：一是学会思考和分析，支持孩子。在活动开展前，我们能对当前主题的核心经验进行仔细分析，并对开展活动前孩子的经验进行梳理，依据中班孩子的年龄特点制定项目式的网络图。在探究过程中，老师也有意识地观察孩子们的学习行为，在交流中及时捕捉孩子们提出的问题，并投放材料，支持孩子们进一步探索的欲望。二是关注孩子们的学习方式。老师依据《3—6岁儿童学习与发展指南》中的4—5岁幼儿科学探索的发展目标开展各类活动。关注孩子们在探索过程中的学习方式：中班孩子在老师的引导下进行自主探究，自己找寻问题的答案；教师为孩子们创设宽松的环境，和同伴共同寻找、收集信息。

总之，课程主体平衡是基于多方平衡的理念，充分尊重儿童的主体性，同时协调个人与团队的关系，将课程客体置于服务主体的地位。具体维度有三个方面：一是儿童与成人，将儿童视为主体，提供适当指导；二是个人与团队，个人需求与集体需求双重平衡；三是主体与客体，将课程目标变成主体需求。实现策略主要体现在以下几个方面：一是采用主体联系策略，了解儿童需求后提供个性化资源；二是采用雁阵效应策略，引导每个主体自身发挥团队与合作的价值；三是采用主体间性策略，重视幼儿主体能力与课程客体价值。课程主体平衡的精髓要考虑各方利益者的需求，采用多方面要素与相互模式策略，促进各教育主体的良好发展。

（上海市嘉定区星华幼儿园　张幼萍）

第八章
课程评价平衡及其实现策略

　　课程评价平衡是保证儿童教育质量的重要手段之一。课程评价平衡是内部评价与外部评价的平衡、静态评价与增值评价的平衡、过程评价与结果评价的平衡以及单一评价与多元评价的平衡。课程评价平衡的实现策略包含基于自评的第三方评价、立足生长态的进步指数评价、聚焦事件的体验性评价、主导式多主体协商评价等。

作为学前教育的重要组成部分，幼儿园课程评价是保证教育质量的重要手段之一。然而，在实际评价的过程中，往往存在着评价内容不够全面、评价方法单一等问题，导致评价结果不够准确、客观，影响了教育质量的提升。为了解决这些问题，需要实现幼儿园课程评价的平衡。

如何实现课程评价的平衡？下面将从以下四点进行分析：一是内部评价与外部评价；二是静态评价与增值评价；三是过程评价与结果评价；四是单一评价与多元评价。通过这四点的分析，让幼儿园课程评价平衡成为保证儿童教育质量的重要手段之一，以实现幼儿园课程评价的科学、客观和准确。

一、课程评价平衡的意义

课程评价平衡是指以不同的目的，用不同的方式，表现课程评价的基本取向，实现评价的有效性和操作性的平衡。此外，在评价的过程中，需要考虑到多方面的因素，建立全面、公正的评价标准，以确保评价结果的客观性和公正性，同时也要建立反馈和改进机制，不断提高教学质量和效果。

依托对四组评价情况的分析，实现对课程的全面评价。对教学质量进行全面、客观的评估，帮助教师发现自己教学上的不足之处，并通过改进来提高教学质量。让儿童、家长、教师和学校了解课程质量和效果，提出改进建议。通过平衡考虑不同因素的影响，可以避免评价结果被片面或主观因素所左右，保证评价结果的公正性和客观性，从而促进教育公平。同时，课程评价平衡可以为教育改革提供参考和支持，为建设高质量的教育体系提供有力保障。

总之，课程评价平衡的意义非常重要，它不仅能够提高教学质量，保障儿童权益，促进教育公平，还能为教育改革提供支持和参考，是建设现代化教育体系的必要手段。

二、课程评价平衡模型

课程评价平衡模型是一种用于评估课程质量的方法，它考虑了多个方面，包括幼儿、教师、家长和课程本身的评价指标。由此，延伸出了"内部评价和外部评价、静态评价和增值评价、过程评价和结果评价、单一评价和多元评价"这四组评价模型。这四组评价模型的核心思想是要综合考虑各方面的反馈意见，以达到平衡的评价结果。这种评价方法能够保证课程设计者和教师在课程开发和授课过程中更好地了解儿童对课程的反馈和需求，帮助他们更好地优化课程内容和教学方法，提高课程质量。

在这些模型中，个体的反馈是非常重要的因素。幼儿的反馈可以通过事件体验来获得，教师的反馈则可以通过生长态的进步来获得，课程本身的评价指标可以依托第三方来获得。此外，还需要综合多方的评价，并基于这些因素建立一个综合评价模型。这个模型将各个因素的权重进行分配，然后根据各个因素的得分计算出最终的评价结果。通过这个模型，可以获得一个相对客观的课程质量评价结果。（见图 8 - 1）

图 8 - 1　课程评价平衡模型

右图中，四类课程评价平衡的具体内涵如下。

（一）内部评价与外部评价

内部评价是指在课程内部进行的自我评价，重点关注课程的目标、价值、文化和自我改进的能力。通过内在评价，可以深入了解自己的优势、劣势和改进方向，提高自身的教育教学水平。

外部评价则侧重于从外部角度评估课程的质量。例如，教育部门对课程的内部评估或除学校之外的独立评价，重点关注课程的成果、效率和影响力。通过外部评价，可以获得更客观、权威的评价结果，并加强与外界的沟通和交流。

内部评价/外部评价模型是一种科学、综合、有效的评价模型，可以帮助项目或组织全面了解自身的优势和不足，并加强自身的管理和运营能力，提高绩效和影响力。（见图 8 - 2）

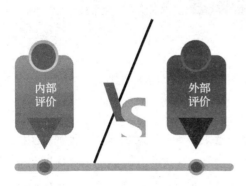

图 8 - 2　内部评价与外部评价相结合的课程评价平衡图

（二）静态评价与增值评价

静态评价可以用于评估课程的基本质量和学习效果。例如，可以对课程的教学内容、教学方法、教师水平等进行评估，以确定课程的基本质量和学习效果。

增值评价则可以考虑时间价值和未来效益的影响，评估课程的实际价值和实际

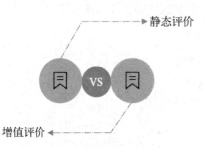

图 8-3 静态评价与增值评价相结合的课程评价平衡图

效果。例如，可以从对儿童的学习成果、对未来能力发展的影响、对社会贡献等因素进行评估，以确定课程的实际价值和实际效果。

在实际应用中，评价者可以根据具体情况选择合适的评价模型，并结合其他评价指标进行综合评估。同时，也需要注意避免评价过于主观或片面，保证评价结果的客观性和准确性。（见图 8-3）

（三）过程评价与结果评价

过程评价主要是指评定课程实施过程中的动态变化因素之间的关系，即时获得课程实施信息，帮助调整和改进课程，更关注人的主体性和创造性，尊重差异，尊重价值多元。结果评价主要是对课程效果的评价，以主体对客体的有效控制为评价取向，推广实施简单易行。（见图 8-4）

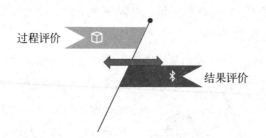

图 8-4 过程评价与结果评价相结合的课程评价平衡图

（四）单一评价与多元评价

单一评价是指只从一个角度或者一个维度来评价一个对象或者一种现象。比如，仅从儿童的分数高低来评价儿童的学习成绩，或者仅从产品的销售额来评价产品的市场表现等。单一评价方法简单明了，易于操作，但是容易忽略其他重要因素，导致评价偏颇。

多元评价方法则是从多个角度或者多个维度来评价课程，包括但不限于儿童的学习成果、教学质量、教学资源、教学管理、师幼关系等多个方面。采用多元评价方法可以更全面地了解课程的优缺点，有效地反映出课程的整体质量和价值，但是评价过程相对烦琐，需要收集和整合大量的信息和数据。

在实际应用中，课程评价方法的选择应该根据具体情况进行合理的折中和平衡。如果需要快速获取课程的一个总体评价，可以采用单一评价方法；如果需要更全面地了解课程的质量和效果，可以采用多元评价方法。（见图 8 - 5）

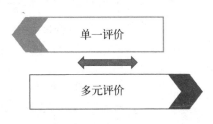

图 8 - 5　单一评价与多元评价相结合的课程评价平衡图

总之，课程评价平衡模型是一种综合考虑多个方面的评价方法，通过引入内部评价和外部评价、静态评价和增值评价、过程评价和结果评价、单一评价和多元评价这四组评价模型，能够全面考虑各方面的反馈意见，以达到平衡的评价结果。这种评价方法有助于课程设计者和教师更好地了解幼儿对课程的反馈和需求，从而优化课程内容和教学方法，提高课程质量。

三、课程评价平衡策略

（一）基于自评的第三方评价——内部评价和外部评价

在课程内部质量本身进行评价的基础上，引入有关教育部门或专家对个人或组织进行外部评价。在这种模式下，被评价者首先对自己进行全面、客观的评价，并提供必要的证据和数据，然后由评价机构或专家根据一定的评价标准和程序对其进行评价。

这种评价方式的好处在于既能够让被评价者更加深入地了解自己的优势和不足，也能够通过内部、外部双方的专业评价，获得更加客观和权威的评估结果。同时，内部、外部双方通常有不同的评价角度，能实行更加严格和公正的评价标准和程序，对被评价者进行全面、深入、客观的评价，从而为其提供有效的改进建议和指导。

在实际应用中，可以通过课程内部评价和外部评价，了解在教学质量、师资力量、课程满意度等方面的情况，制定相应的改进措施。这种有效的评价方式，可以为个人和组织提供更加深入和客观的评估结果，从而为其提供有效的改进建议和指导。

―――――――――― ［案例8-1］　科学关注每一位儿童 ――――――――――

案例实录：

小明是一名幼儿园大班的儿童，教师通过使用明师课堂应用程序对他进行了综合评价。在评价中，教师主要关注小明在幼儿园的自理能力和社交能力。在值日生活动中，"我来帮大家分发碗筷吧"，小明积极地举手参加服务工作。"老师，小明发筷子少了一双！"第二桌的兰兰说道。小明一听，立马喊道："我马上补一双给你吧！""我这边也少。"小星说道。"我在发第四桌，你等等！"小明转头说道。在当天下午的家长活动中，轮到小明上台表演，但是表演到一半他突然皱着眉头停了下来，旁边的老师连忙鼓励他，他含泪望向妈妈却迟迟没有继续表演，直到妈妈上台和他一起，才完成了表演。

通过第三方平台将小明的行为表现一一上传并分析，通过对一条条指标的解读，发现小明能够遵守班规，尊重和帮助同学，表现出较好的自理能力和社交能力。但是，在一些情况下，小明也会出现情绪波动和过于依赖家长的表现。针对以上评价结果，教师制定了相应的教育计划和个性化辅导方案。例如，针对小明情绪波动和依赖家长的表现，教师将加强与家长的沟通和协作，家园共同帮助小明建立独立、自信的态度。此外，通过明师课堂应用程序记录和分享小明的评价结果，家长能够随时关注小明在幼儿园的表现和进步情况，更好地与教师合作，共同关注小明的发展。

情况分析：

对于小明的第三方评价，需要先了解具体的情况，包括以下几个方面：

1. 事件描述：需要对儿童具体发生的内容进行描述，包括起因、过程等。

2. 儿童表现情况：需要了解儿童在自理能力和社交能力方面的表现情况，包括照片上传、所属板块、指标情况等。

根据以上情况，可以对儿童进行第三方评价和分析。评价的重点应该是儿童的自理能力和社交能力，同时也要考虑到教师引导和环境的影响。

通过第三方评价和分析，可以发现不足之处，并提出相应的改进措施，以推动儿童的自理能力和社交能力的培养。

方法措施：

1. 徽章发放

通过第三方平台每月为每位儿童发放徽章，教师有的放矢地根据每月重点对每个孩子的表现进行"鼓励"，之后在每学期的阶段报告中形成图表。从幼儿园管理层面，了解教师比较关注哪方面的内容，对哪方面的关注比较薄弱，后期需要什么样的措施。从教师层面，了解儿童比较优秀的是什么，需要提升的又是什么。自上而下地引导课程往更完善的方向发展，促进儿童的多方位成长。

2. 观察记录

教师通过简单的"选择题"对每一位儿童的"表现行为"进行逐一评价，通过"表现行为"呈现出儿童在不同阶段的发展状态，通过简单的选择题对孩子的行为进行记录，并拍摄照片进行分析。随后，形成阶段性报告。其中，在阶段性报告中需要从领域得分情况对比、各领域发展水平分布统计、六大领域及对应子领域的发展情况等方面进行各类数据的直接呈现。同时，进一步呈现各班关注的领域；得分是否符合平均水平；领域表现行为几的占比最多，达到了多少百分比；领域平均得分及其子领域平均得分的各项情况。通过一系列图表以及数据的罗列，让教师的班级计划和总结有了强大的数据依靠，从而更有针对性地制定符合班级孩子个性发展的措施。

3. 成效评估

一个好的儿童评价体系，应该向教师、园所提出儿童发展的专业建议，将儿童个体发展和园所课程建设的目标协调起来，明确教师、儿童的潜能，提高他们的自尊和自信。在实践的过程中，突出表现在以下几个方面：

（1）增强以儿童为主体的意识，使评价为课程建设服务

由于评价的科学化、简便化，教师在评价中更应该关注儿童个体的处境和需要，尊重和体现儿童个体的差异，使教师更加明确地了解儿童所处的能力水平，明确班级整体及个别儿童的优点和不足，明确符合本班、本年级、本园儿童的发

展方向。可以说，儿童发展评估其实是促进儿童成长的一项有利措施。

（2）强化以严谨态度做科研的意识，使评价为课程发展服务

由于儿童发展评估参照了六大领域评估指标，更注重儿童的全面发展。因此，在形成的阶段性报告中，提高了儿童评价在教科研成效中的分量。教师群体积极投入教育科研，幼儿园的"科研氛围"日趋浓厚，很多老师已经认识到只埋头于平时的教育教学工作，精神是可嘉的，但是难以持续发展，最终会成为毫无积累的"教书匠"。应该在科学的、系统的理论依据的指导下，不断更新观念，及时反思、总结、提炼自己的经验，不断提高自身的教育教学水平。

儿童的发展是整体的、全面的，儿童的身心发展特点和学习特点决定了儿童教育必须是整体性的教育。儿童的发展评估是一个不断发展、不断累积的过程，搜集评价信息以日常观察为主要手段，建立在真实记录、综合分析的基础之上，是教师的一项基本性工作。此外，评价也是教师教育理念的体现，从儿童评价入手，不断推动幼儿园课程建设的深入发展。

（二）立足生长态的进步指数——静态评价和增值评价

生长态指向的是结果，而与之相对应的则是原生态，指向的是起点。立足生长态的进步指数是一种衡量学习效果提高程度的指标。它通常是通过比较学习前后的表现或结果，计算出一定的进步量或进步比例来评估生长态的提高程度。

具体而言，立足生长态的进步指数可以包括以下几个方面：

一是学习能力提高的进步指数。通过比较学习前后的学习能力或其他评估成绩，计算出能力提高的进步指数。例如，如果儿童的拍球数量从 30 个提高到 40 个，那么其学习成绩提高的进步指数为（40-30）/30＝33.3%。

二是知识掌握程度提高的进步指数。通过比较学习前后对知识的掌握程度，计算出掌握程度提高的进步指数。例如，如果儿童在学习某个主题后能够更加深入地理解相关概念和原理，那么其知识掌握程度提高的进步指数可以通过考试或其他形式的测试来确定。

三是学习方法和策略改进的进步指数。通过比较学习前后采用的学习方法和策略，计算出改进程度的进步指数。例如，如果儿童在学习过程中采用了更加高

效和科学的学习方法和策略，那么其学习方法和策略改进的进步指数可以通过比较学习前后的学习效率和效果来确定。

总之，立足生长态的进步指数是一种评估儿童提高程度的重要指标。它可以帮助儿童或教育者更好地了解生长态的提高情况，从而制定相应的改进措施和学习计划。

────────────── [案例8-2]　虫虫历险记 ──────────────

案例实录：

在一次饭后散步的过程中，孩子们停下了脚步，并蹲下来围成了一堆。

"哇！好可怕！它全身长满毛！"

"我觉得很可爱啊！看，它在爬！"

"不要碰，我妈妈说过它有毒的！"

"哎呀！它被踩了一脚。"

"它是坏的！"

各类虫子在孩子们的眼中就是一整个奇妙的"虫虫世界"，他们天生就对虫子充满好奇。《3—6岁儿童学习与发展指南》中提到，"支持儿童在接触自然、生活事物和现象中积累有益的直接经验和感性认识"。由此，我们班级开展了"虫虫历险记"主题站点式个别化学习活动。

回到教室后，每个孩子还在诉说着自己对"虫虫"的感受。由此，教师组织了一次大讨论——你是否喜欢"虫虫"？

孩子们"爱"或"不爱"的理由千千万万。因此，教师在区角中设置了一块版面，让孩子们通过简单绘画的方式记录自己喜欢或不喜欢的理由，喜欢的贴在"爱心"部分，不喜欢的展示在"X"部分，并通过录音的方式让对方听懂自己的理由。

后续跟进：

慢慢地，随着主题的推进，孩子们了解了益虫和害虫，也由此引发了关于"益虫"与"害虫"的区别的讨论。此外，孩子们对"虫虫"的喜爱不光只是个人方面，他们还关注到了昆虫的"优缺点"。多样的昆虫进入了区角，教师还提供了绘本《走进奇妙的虫子世界》，让孩子们从书中寻找答案。

第一次推进

抛出问题：虫虫大调查

孩子们在校园、班级中对"虫虫"的研究已经不能满足自身的需求，多种多样的问题环绕在孩子们的脑海中。因此，教师设计了"虫虫调查表"，通过家园互动的方式，让家长利用双休日带着孩子去公园或者小区内的绿化带中找找"虫虫"。

在调查表下发前，师幼开展了一次"捉虫大讨论"——捉虫我们需要准备哪些工具呢？

孩子们对寻找小昆虫的兴趣越来越浓，关于利用何种工具去寻找小虫子，孩子们讨论得非常热烈。在工具的讨论过程中，个别孩子还尝试进行了简单的推理和分析。在这次谈话活动中，老师帮助儿童将他们的想法进行梳理和总结，随后师幼一起收集工具，准备开展一次有趣的寻找小昆虫的活动。

儿童发现：

经过一个周末，孩子们兴高采烈地将调查表带到教室，有的说用了 XX 工具；有的说在 XX 处找到了 XX 虫虫；有的说和家人一起查阅了资料，了解了找到的这些昆虫的本领。

还有的孩子将"小客人"带到了教室，这对于我们来说是一件非常有趣的事情！大家成了自然角里的常客，每天都要去看看这些可爱的小家伙。大家有着说不完的话题、探索不完的新发现……这些新奇的话题和发现极大地触动了我们继续探究虫虫的兴趣！

从孩子们的记录表中可见，随着身心发展，我们的孩子会积极地运用自己的感官去了解、探索新鲜事物。在探索的过程中，还发现了许许多多的奥秘。他们尤其渴望了解藏身于草丛中的昆虫，探索关于昆虫的一切知识，如："哪里能捉到昆虫？""昆虫是什么样子？""昆虫喜欢吃什么？"……儿童对昆虫的探索兴趣高涨，我们就从儿童的兴趣点出发，和他们一起踏上了"幼儿园里的昆虫记"的探索之旅。

小昆虫进教室让孩子们的探究已经不知不觉地从对昆虫的外形特征的认识转变到了对其生活习性的认识，而这一转变是在教师尊重儿童的学习规律和特点的前提下，以观察者、引导者的身份促成的，而不是急于让儿童获得来自成人灌输的生硬的知识。

发现的问题：

各种各样的虫子让人眼花缭乱，孩子们的记录也是五花八门。为此，教师投放了简易的统计表和录音笔，一是统计"哪些虫虫最多？哪些虫虫最少"，二是对自己的记录纸进行语音记录。

他们发现，有一些虫虫都是由"头——胸——腹——四肢"组成的，但有些虫虫只有身体。也就是说，孩子们关注到了昆虫的基本结构。随后，教师提供了部分虫虫标本、放大镜、观察台，让儿童记录"是否有翅膀？有几只脚？有头、胸、腹几个部分？"……在探索中，孩子们对虫虫有了更深入的了解。

第二次推进

调整与推进——虫虫展览会

随着昆虫标本的投放，孩子们的兴趣点转移到了对"虫虫"的制作中，他们想要将自己观察到的虫虫制作出来。刚开始只用了橡皮泥，制作出来的虫虫只有指甲盖那么大。

随后，孩子们选用的材料慢慢变丰富了，树叶、树枝、木片等自然材料也被投放到了站点内。

随着主题的推进，孩子们对瓢虫的兴趣点渐渐浓厚，除了彩泥瓢虫外，还有折纸瓢虫、彩墨瓢虫，师幼还开展了一次"捉蚜虫比赛"。

情况分析：

在此次主题站点式个别化学习活动推进的过程中，儿童总会提出各种有趣的问题。教师要善于筛选有价值的信息，引发儿童的进一步讨论。通过亲身体验、实际操作、发动家长资源、借助适宜的绘本阅读等方式丰富儿童的间接经验。

1. 亲身体验的实践求知方式

通过制作工具、实地观察、草丛探寻等形式，对丰富多样的昆虫资源进行初步了解和感知，是一种有趣的探究性综合实践学习方式。

2. 自主构建的自然认知

这不仅仅是一次简单的昆虫认知之旅，活动中我们的老师还会引导孩子亲身体验、实践操作、思考和探索，帮助每个人建立属于自己的自然感悟。

3. 关爱与尊重自然生命的教育

了解自然并尊重自然，不去伤害任何生命，不去破坏一草一木，在尽量不打扰小昆虫的情况下进行观察、探究和思考，在孩子幼小的心灵中，最终建立起关爱益虫、尊重生命、保护物种等初步的环保理念。

小小的秋虫，大大的世界。在案例中，孩子们通过寻找、观察、探究等多种形式对秋虫进行了初步的了解和感知。这不仅仅是一次简单的昆虫认知之旅，更是孩子们通过亲身体验、思考探究，在幼小的心灵中建立起属于自己的自然感悟的过程！

《3—6岁儿童学习与发展指南》指出，支持儿童在接触自然、生活事物和现象中积累有益的直接经验和感性认识。随着主题站点式个别化学习活动的推进，针对儿童后续发现的问题和兴趣点的迁移，要及时对操作的材料进行补充、调整，即根据儿童的需要，改进或摒弃不适合的材料，开发挖掘新材料。儿童在站点中发现的问题，通过材料的调整、重新组合，可能会有意外的收获，让主题站点重新焕发出全新的"生命力"。

（三）聚焦事件的体验性评价——过程评价和结果评价

在儿童观里的教育"事件"，我们关注到的是真实发生的学习体验。这是一种基于事件的学习体验研究方法，其核心是聚焦于学习者的"生活过的"学习体验。通过对课程事件，尤其是"关键事件"的研究，深入分析和揭示学习者的学习体验及其深刻意义。

在这种方法中，事件被视为学习体验的现实呈现，是描述、分析和揭示学习者学习体验的重要载体。通过对事件的观察、描述和分析，可以了解到学习者在学习过程中所遇到的各种困难、挑战和机遇，以及他们如何应对和解决这些问题，从而深入了解他们的学习体验。

这种方法还强调了过程哲学的观点，即关系与性质通过"事件"而现实化，事件是一系列关系和性质变化的结果，可以作为认识和研究主体自身内在的关系、性质、状态的途径。因此，通过对学习者在学习过程中经历的事件进行研究，可以深入了解他们的学习态度、学习目标、学习行为等方面的内在特征，为教育教学实践提供有价值的参考和启示。

其实，基于事件的学习体验研究方法，可以从学习者的角度出发，深入了解他们的学习体验及其深刻意义，为教育教学实践提供有益的参考和建议。

———————————— [案例 8-3]　一次打击乐活动 ————————————

回忆节奏——复习解读节奏卡

教师：还记得这首歌吗？几拍子的？（边听音乐边拍手）听了这首歌，你有什么想说的？

幼儿 1："我感觉很好听。"

幼儿 2："我听了觉得很雄伟。"

幼儿 3："我知道天安门在北京。"

教师："今天乐器朋友也来了，看看都有谁？"

这些乐器朋友说："我们也喜欢这首歌曲，每一个乐器发出的声音都是不一样的，演奏的效果也不一样。"那为歌曲配乐还需要什么？

幼儿 1："为歌曲配乐需要节奏卡。"

幼儿 2："为歌曲配乐需要音乐。"

幼儿 3："还要节奏敲得对，跟着音乐。"

教师："看看有哪些节奏谱？有什么疑问？"

分别解读三张节奏谱。

教师："XXX，你发现了什么？怎么有大有小？"

幼儿 1："这个节奏谱拍三下，哒哒哒。"

幼儿 2："第一个拍重点，后面拍轻点。"

幼儿 3："大的表示要拍得重，小的表示要拍得轻轻的。"

教师："X——中的横线是什么意思？拍几下？"

幼儿 1："像回音，声音感觉颤颤的。"

幼儿 2："回声，咚——"

教师："0XX 中的 0 是什么意思？怎么拍？心里是怎么数的？"

幼儿 1："0 表示空拍。"

幼儿 2："是空拍，不拍。"

幼儿 3："0 表示空拍，休止符，是不拍的。"

选择合适的乐器及节奏——幼儿探索适合的乐器和节奏。

教师："这里有四桌，每桌上有1种乐器，3张节奏谱。请你们4人一组，去试试，每张节奏谱都敲敲，看看这些乐器适合哪个节奏？"

教师："你们觉得，这些乐器适合哪个节奏呢？为什么？说说你的理由。"

幼儿1："响板适合XXX，因为响板的声音很干脆。"

幼儿2："大鼓适合有一横的，大鼓有回音。"

幼儿3："小玲的声音清脆，拿起来也方便，适合空拍的那个。"

幼儿4："大鼓还可以敲鼓边。"

幼儿5："铃鼓可以摇。"

尝试运用复合节奏进行演奏——每个乐器要控制好自己的节奏。

教师："我们一起来演奏，注意哦，每个乐器要管好，不要跑到别的乐器的家里去。孩子们，有问题吗？那我们一起试试。"（1—2遍）

教师："我们演奏时要怎么样？"

幼儿1："管好自己的乐器。"

幼儿2："看好节奏谱。"

幼儿3："要听好音乐，不快也不慢。"

教师："不过今天乐器朋友说了，这样太简单了，它们想一个一个地上来表演，轮到你表演时你再表演直到表演结束，还没有轮到时你要等一等。我们一起来试试。"（2遍）

轮到后面一组敲起，第一桌停了下来。

教师："没有轮到你表演时要怎么样？后面一组幼儿接上来演奏了，前面一组的幼儿是该继续还是该停下来？"

幼儿1："没轮到的要等一等，仔细听音乐。"

幼儿2："后面的接上来了，前面一组还是要继续演奏，不要停，一直等音乐结束。"

情况分析：

1. 题材来源于儿童的经验

经过了一个暑假，我们班的很多孩子会有各种不同的旅游经验，有的已经去过北京天安门，且在家长的引导下，对北京有粗浅的认识。孩子们会意识到自己是一个中国人，并隐隐感受到身为中国人的骄傲。对于大班的孩子来说，他们渴望了解更多有关祖国的知识。

在《3—6岁儿童学习与发展指南》这一政策性文件大背景下，"课堂转型"被现代人誉为"一场静悄悄的革命"，尊重儿童的禀赋和兴趣，追求教育对人的幸福和发展本原价值的回归；在教学设计上，注重需求导向的个性化指导。教学设计的出发点和着力点转变到儿童如何主动地去学。根据这一指导思想，我设计了打击乐活动《我爱天安门》。让孩子们了解我们祖国的伟大，激发孩子们作为"我是中国人"的自豪感。

2. 打破固定模式，追求满足儿童的需求

每个孩子都喜欢敲敲打打，对声音有一种天生的敏感性，打击乐就很适合儿童这种与生俱来的本能。《我爱天安门》是一首三拍子的音乐，对刚入大班的孩子来说有一定的挑战性。我打破了以往根据图谱和老师的指挥进行拍手，再用打击乐器为音乐伴奏的模式，而是大胆地用提问、质疑等方式启发儿童，把球抛给儿童，鼓励儿童自己去探索、发现，为歌曲伴奏。当孩子们为歌曲伴奏时，我打破了传统的指挥方法，着重关注了鼓的新演奏方法，而不是传统的从头到尾的指挥模式。

3. 儿童主动探索，教师支持引导

在让儿童为歌曲《我爱天安门》配乐器演奏时，我打破以往老师为儿童想好的固定节奏的模式，而是让儿童自主尝试选择乐器并为乐器伴奏。教师始终把儿童推在前面，教师在后面，让儿童主动探究并选择乐器伴奏。儿童可根据乐器发出的声音、节奏谱重音轻音的特征进行配对，难点在于是选择大鼓还是选择小铃。经过儿童的探讨，他们对于大鼓和小铃有了两种体验结果。

方法措施：

1. 选材的重要性

（1）内容的选择要与儿童的经验相适宜。

（2）内容要能引发和满足儿童的兴趣。

（3）内容要符合儿童的最近发展区，要具有一定的挑战性，且挑战难度要适宜，不能太高，也不能太低。

（4）内容的选择要利于儿童的终身学习和健康。

2. 活动的重难点要把握好

（1）分析目标，确定重难点。一个活动的内容点不要太多，要分析目标，再有针对性地设计活动的重难点。

（2）了解已有经验，把握重难点。了解儿童的最近发展区，从儿童的实际情况出发，把握活动的重难点。

（3）时间分配得当，突出重难点。活动内容的时间要把控好，做到详略得当，活动的重难点要遵循规律，层层递进。

（4）设计关键性提问，解决重难点。提问有针对性，易引发儿童的共鸣，提问还要激发儿童的思维，层层递进，体现有效性。

正如谈亦文老师所说，儿童的学习过程是一个整体发展的过程。作为教师的我们，需看到这个过程对儿童发展的促进价值，自觉努力地帮助儿童去获得这些价值。不仅包括学科知识技能习得方面的价值、学习品质完善方面的价值，还包括人格健全方面的价值！

（上海市嘉定区星华幼儿园　祝宏霞）

（四）主导式多主体协商评价——单一评价和多元评价

主导式多主体协商评价可以从以下几个方面进行探究：

一是促进儿童参与和自主学习。主导式多主体协商评价注重儿童参与，儿童可以通过协商和讨论确定评价标准和方法，提出自己的意见和建议，并根据自己的学习情况进行评价。这种评价方式可以激发儿童的学习兴趣和积极性，促进儿童的参与和自主学习。

二是培养儿童的综合能力。主导式多主体协商评价需要儿童在评价过程中进行交流、协商和讨论，这可以培养儿童的沟通和协作能力。同时，还需要考虑评价标准和方法的合理性和客观性，这可以培养儿童的思辨和判断能力。

三是提高评价结果的准确性和客观性。主导式多主体协商评价不仅注重儿童的参与，还注重让老师、家长和其他相关人员参与到评价过程中来，并提供必要的支持和指导。通过多方协商讨论确定评价标准和方法，可以避免评价过程中的主观性和不公正性，增强评价结果的客观性和准确性。

四是促进儿童的自我认知和自我发展。主导式多主体协商评价可以让儿童了解自己的优缺点和成长需要，促进儿童的自我认知和自我发展。在评价过程中，儿童可以反思自己的学习情况，找到自己的不足之处，并制定改进计划，这也提高了儿童的自我管理和自我发展能力。

—————————— [案例 8-4]　　特殊的作品 ——————————

案例实录：

在一次彩墨教学活动中，教师开展了"我自己"的彩墨画活动，孩子们一个个摩拳擦掌，信心十足。"画自己，那还不容易啊！""看我的，我在太空里飞哟！""喂，你头盔没画哈！""我还没来得及画呐，你画的是什么？""嘿嘿，我戴着警察帽子呢，这个是警徽哦！"孩子们得意洋洋地和旁边的朋友"炫耀"着作品中的"自己"。

"啊呀！彤彤，你的脸怎么是绿色的？""太难看了吧。""就是啊，干吗要涂成绿色呀！"话题主人公彤彤原本兴高采烈的笑颜，随着朋友们的"窃窃私语"，渐渐消失不见了。他不停地搅动着手指，手上也蘸满了绿色的国画颜料，小脸慢慢地涨得通红。孩子们看到彤彤什么也不说，又纷纷投入到了自己的创作中去，而彤彤则仔细地把没涂好的颜色继续慢慢涂上。

活动最后，教师让孩子们将自己的作品粘贴在墙壁上，一起交流评价。彤彤的"绿脸"在一整片作品中"脱颖而出"，立马又成为了话题的中心。"绿毛大怪物，哈哈哈哈哈！""是绿脸怪啦！""嘻嘻嘻，好奇怪呀！"彤彤在议论声中紧紧地咬着唇一声不吭。

情况分析：

1. 绘画兴趣方面

彤彤对"我自己"的绘画主题比较感兴趣，能全身心投入，沉浸在绘画过程中，在绘画创作中也有自己的独特想法，即使面对孩子们的"嘲笑"，对绘画活动的兴趣依然浓厚。

2. 个体差异方面

彤彤平时和同伴玩耍时话不多，在各类活动中和老师沟通时都比较腼腆，但他平时作品中的色彩却是比较有"个性"的，例如，红色的树、七彩的天空等等。《3—6岁儿童学习与发展指南》强调：尊重儿童发展的个体差异，儿童的学习方式和发展速度各有不同，在不同学习与发展领域的表现存在明显差异。儿童的年龄越小，个体差异也就越明显，应当允许儿童按照自身速度和方式达到《3—6岁儿童学习与发展指南》所呈现的发展"阶梯"，切忌用一把"尺子"衡量所有幼儿。因此，对于彤彤的作品，更多是要关注他在绘画中的艺术表达和感受。

3. 幼幼互动方面

其他的小朋友不太能理解彤彤的创作意图，只能用"像不像""好不好看"来评价彤彤的作品，孩子们对彤彤作品的评价影响到彤彤对自己作品的认可度，打击了彤彤表达自己想法的自信，只能"紧紧地咬着唇一声不吭"。这说明在同伴互动交往的过程中，彤彤容易被同伴的思想左右，且缺乏表达、表现的能力。

方法措施：

1. 尊重童心

教师要保护好儿童的绘画兴趣和特点，与儿童一起分享他们创作时的快乐，尊重他们，以表扬为主。用"童心"去想儿童所想，看儿童所看，感儿童所感，绝不能以单一的画面来评价儿童的绘画作品，而应更多地看到作品的内涵与情趣。

（1）自信表现，制定多模式创作平台

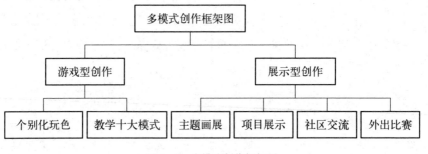

图8-6 多模式创作框架图

（2）拓展彩墨画单一的授课模式，开展个别化"墨戏玩色"，通过"弹珠""滴管""玩纸"等美术游戏活动，让初涉彩墨画的儿童有了更加浓厚的兴趣。通过游戏式玩色活动引导幼儿了解传统绘画的魅力，并被之深深吸引，也带动了幼儿在家庭中的学习。此外，通过"彩墨画教学十大模式"（故事、图像、诗词、游戏、竞赛、展示、生活、实作、场景、音乐等）鼓励儿童大胆表现。

（3）开展每月一次的儿童"个人彩墨画"主题展活动，让幼儿园的大厅、走廊、楼梯旁墙壁都成为儿童展示自己成果的舞台。通过项目展示、社区交流、外出比赛等形式，小画家们自信满满地向同伴、家长展示、介绍自己的作品，在家长、同伴的一片称赞声中，儿童对彩墨画的热情更浓了，也更加喜欢彩墨画了。让自信成为儿童步入彩墨艺术殿堂的新阶梯！

通过展示儿童的作品，营造了安全的心理氛围，尊重了儿童的表现，肯定了儿童作品的优点，引导儿童用表达自己感受的方式提升对彩墨画的兴趣。当儿童因自我的表现而否定自我时，儿童需要的不是教导和指责，而是鼓励和赞美，应呵护他们幼小的心灵，呵护他们珍贵的自信心和创造力。

2. 张扬童趣

评价儿童画并不是一个"死"的标准，每个儿童有自己独特的个性，他的画也就有着与众不同的趣味性，有的作品只有儿童自己清楚、明白。因此，教师在评价儿童美术作品时要尊重儿童、善于发现儿童作品中的童趣所在，从而予以接纳和赞许，只有这样才可能和儿童沟通。

（1）个性表达，构建多渠道评价体系

《3—6岁儿童学习与发展指南》中的"艺术领域"指出："儿童对事物的感受和理解不同于成人，他们表达自己认识和情感的方式也有别于成人。儿童独特的笔触、动作和语言往往蕴含着丰富的想象和情感，成人应对儿童的艺术表现给予充分的理解和尊重，不能用自己的审美标准去评判儿童，更不能为追求结果的'完美'而对幼儿进行千篇一律的训练，以免扼杀其想象与创造的萌芽。"

（2）开展"自说自画"：让孩子介绍自己的作品，展现隐藏在作品背后的"秘密"，分享自己绘画时的成就感，肯定其作品的优点。借用科技手段让孩子作品中的"秘密"被更多的人所了解，如点读笔的使用，通过录音将作品的"秘密"留在作品一角，好奇的人就可以用点读笔探索作品背后的"秘密"。

（3）尊重儿童的创作：评价儿童的绘画作品时，教师要依托《3—6岁儿童学习与发展指南》中的精神，理解并倾听儿童艺术表现的想法和感受，尊重儿童的创作意图。教师可以用表达自己感受的方式鼓励儿童，如"你的作品和别人的不一样哦，愿意和大家分享一下吗？""观察得真仔细，连XXX都画出来了！""色彩这么丰富，感觉和彩虹一样漂亮！"……同时，在班级中营造一种儿童敢于且乐于表达、表现的心理氛围，支持儿童的想象与创造。

（4）高效的家园互动：引导家长在家庭中支持儿童进行"自说自画"，并且为儿童提供自主绘画的材料和环境，促进儿童想象力与创造力的萌芽。

总之，课程评价在内部评价和外部评价、静态评价和增值评价、过程评价和结果评价、单一评价和多元评价之间的平衡，通过基于自评的第三方评价、立足生长态的进步指数、聚焦事件的体验性评价以及主导式多主体协商评价，综合考虑各方面的评价平衡，让儿童能够表达自己对课程的意见和建议，提高他们的参与感和满意度，更积极地参与到学习过程中；让教师可以发现自己在教学中的不足之处，及时进行调整和改进，提高教学质量和效果；让管理者可以及时发现问题，采取相应的措施予以改进，推动整个学校的进步。随着教育观念的变革和教学模式的创新，课程评价平衡在教育领域的应用将越来越广泛。

（上海市嘉定区星华幼儿园　王轶晶）

第九章
课程治理平衡及其实现策略

课程治理平衡不仅仅是为了解决课程治理难题，更是为了构建高质量课程育人体系。通过民主治理与集中统一治理相结合、共性思维和个性行为的统整以及宏观政策制度与微观实施行动的相互转换，构建幼儿园课程治理平衡模型，推动不同育人实践主体形成共建共享的关系。根据治理过程中的问题，运用审议式课程治理策略、矩阵式课程治理策略和例会式课程治理策略，可以有效实现课程治理平衡，促进课程治理效益的提升。

有学者认为，当代课程治理体制改革的重要举措是从统一转向分散，在实施过程中需规避因对"分权论"与"共治论"的过度诠释而引发的弱化国家治理权力、地位与作用的误判与误导问题。他认为，课程治理是国家事权与公权，应采取课程治理的国家体制，实现多元权力共享与多元主体共治。①

　　我们认为，统一与分散、分权与共治，都应该实现课程治理平衡。面对不同地区、群体和个人需求的巨大差异，课程治理需要建立一种管理与领导、控制与引领、对话与冲突、封闭与开放等不同认知带来的创新经验，对课程治理主体的思维方式或认知立场、观点进行分析，把课程实践制度化，不断反思调整课程实践的稳定性，完善各级课程治理机制。

　　因此，幼儿园课程治理平衡是建立在民主治理与集中统一治理相结合的基础上，集多元权力的课程管理；是共性思维和个性行为的统整，在遵循认知规律的基础上，优化课程实施的多元共治；是宏观政策制度与微观实施行动的相互转换，是治理体制的改革创新。课程治理平衡的结果不只是为了解决当前所面临的课程治理难题，还需要研究高质量课程治理体系及其平衡关系。

　　可见，在幼儿园课程治理平衡的实现策略中，儿童是治理的核心，不同课程主体围绕课程实施开展学校课程治理，通过儿童的发展来促进主体课程意识、课程治理能力的提升，以服务儿童发展为最终目标，实现幼儿园课程治理平衡的意义。有效的课程治理变革需要建立具有针对性、整合性和长期性的促进儿童终身发展的课程标准，改善课程治理方式，构建横向治理和纵向治理的课程协商治理机制，实现多元主体的共性思维和个性行为的统整。

一、课程治理平衡的意义

　　何谓"课程治理平衡"？有学者认为，学校课程治理是学校课程利益相关者在政府主导下以学校为主体，通过主动协商，对学校课程决策、研发、实施、评

---

① 郝德永.论课程治理的国家体制［J］.教育研究，2023，44（1）：58-68.

价、改革等活动要素和人、财、物等条件建立机制并发挥影响力，达成学校共同育人目标的过程①。课程平衡是学校课程随着社会政治、经济、科学文化的发展而不断作出有序的调整与修正，由原来的不平衡到趋于合理、平衡，使自身不断完善与协调的过程②。因此，课程治理平衡的民主与集中、共性与个性、宏观与微观各要素和处理各要素关系方面还有待于我们不断探索研究，从而形成可操作的课程治理平衡模型，以促进课程治理的平衡。

研究发现，幼儿园课程治理作为多主体的良性互动，紧紧围绕以儿童为本的理念，在承认多主体存在共识的前提下，通过共建共享课程治理平衡的构建，致力于每一个儿童的终身发展，从认知、能力和情感多方面达成共识，承认不同主体间的差异性，达成单主体无法达成的课程治理效果，充分发挥育人实践主体、共建共享模式以及课程治理机制三个方面在课程治理平衡中的作用。

要使课程的根本任务得到落实，形成共同育人格局，必须转变课程发展观念和方式，立足课程的公共实践本质，面对地区、群体和个人需求的巨大差异，课程治理需要建立一种多主体参与的制度，而不是简单地落实国家管理或管制。

（一）共同参与：让课程主体多元化

有学者认为，不同利益主体有不同的价值与利益诉求，投资主体、评估主体与评估标准的多元化在学校内部体制改革的进程中存在着一定程度的影响。为此，多元主体需构建利益表达机制和利益共生的激励机制，优化治理结构，提高多元主体参与治理的热情，规范各利益主体的参与行为③。

我们认为，多主体参与课程治理会面临着不同主体立场、认识和价值利益的差异与冲突，但是国家、地方和学校三级的课程管理要走向育人实践主体共同参与的课程治理必须实现平衡。如何在课程多主体治理的冲突中达成课程发展的共识，形成科学合理的共育格局？2014 年，教育部在《关于全面深化课程改革落实

---

① 胡定荣，齐方萍.学校课程治理现代化的目标、内涵与实现路径 [J].教育科学研究，2021（7）：11－16+23.
② 林冬梅，张君.课程平衡初探 [J].沈阳师范大学学报（社会科学版），2003（4）：78－81.
③ 郑益乐.论主体多元化的高校内部体制改革 [J].大学教育科学，2016（4）：44－48.

立德树人根本任务的意见》中提出，课程改革的深化要把"基本形成多方参与、齐心协力、互相配合的育人工作格局"作为工作目标。2017 年，中共中央、国务院颁布的《关于深化教育体制机制改革的意见》提出，要把形成"政府依法宏观管理教育、学校依法自主办学、社会有序参与、各方合理推进的格局"作为教育体制机制改革的主要目标。根据上述要求，我们可以通过民主治理与集中统一治理相结合的方式，鼓励学校课程治理的不同利益相关者互动合作，实践主体对学校课程事务的参与，在参与的过程中运用不同的治理策略提升课程治理效果，实现多元的课程治理格局。

（二）共享权利：构建共建共享的关系

有学者将共建共享视为一个发展性系统，提出创新资源建设模式，探索资源众包的集聚方式，构建资源动态评估机制，构建大资源服务体系，推进优质资源建设①。也有学者提出共建共享需要关注决策者的主导地位，明确资源提供方和使用方，指导者与支持者之间的定位和合作关系，在此基础上构建策略模型，并给出具体的实施策略，最后根据策略开展实证研究与案例研究②。

我们认可以上学者的观点，并在研究中进一步梳理共享权力，统整构建共建共享的关系，实现幼儿园课程治理平衡的最终意义。我们认为，幼儿园课程治理中的儿童是治理的核心，不同课程主体围绕课程实施开展学校课程治理，通过儿童的发展来促进主体课程意识、课程治理能力的提升，以服务儿童发展为最终目标。北京师范大学教育学部胡定荣、邵容与在《社会学视域下的学校课程治理转型：动因、内容与支持条件》的经验报告中表示，学校课程治理的主要任务在于化解学校课程发展中的社会矛盾，其内容和方式在于梳理学校课程发展的主体关系，通过协商对话化解课程矛盾，改善课程育人过程③。由此可见，有效的课程治理变革需要建立具有针对性、整合性和长期性的促进儿童终身发展的课程标准，改善课程治理方式，构建横向治理和纵向治理的课程协商治理机制，通过多

---

① 董伟，郑盈盈，胡高敏.基础教育数字资源共建共享影响因素及发展对策研究［J］.基础教育，2023，20（1）：89 - 97+110.
② 李艳.城乡教育信息资源共建共享策略研究［D］.上海：华东师范大学，2009.
③ 胡定荣，邵容与.社会学视域下的学校课程治理转型：动因、内容与支持条件［J］.北京教育学院学报，2022，36（3）：39 - 46.

主体共性思维和个性行为的统整，为儿童发展形成合力，满足儿童共同发展和个性发展的需求。

（三）机制激活：实现课程体系变革

有学者认为，可以通过构建课程体系平台，实施课程整合，把握课程改革契机，减少低效的课程内容，寻找有效路径和方法，落实教育目标，打造学校特色内涵，实现学校课程体系变革①。也有学者提出，确立地方教育部门在课程体系建设过程中的主体角色和作用，应基于地方促进价值共识、强化专业引领和加强长效保障，而学校可以自主构建具有本校特色的课程体系②。

我们认为，在课程资源的建设与改革中，除了上述学者的经验和做法外，我们还可以深入发挥学校引导、师生参与、专家干预、家庭和社会融入的有效作用，尝试治理体系和实践体系及其同一关系的互补功能，实现课程体系与课程资源的高质量建设、高效率运行、高度共享和高水平服务，从而进一步提高课程建设与改革的科学性、能动性、公平性和有效性。教育作为民生工程，关乎每个家庭学生的终身幸福，课程治理机制的形成不是一蹴而就的，需要关注课程治理的具体途径和环节的完善，应把课程治理体制机制的完善既作为变革内容，也作为变革的前提保障条件。在变革课程治理体制机制的同时，为学校治理提供专业的能力支持，建立起由育人实践主体参与的实施效果评估与问责机制。

二、课程治理平衡模型

有学者认为，学校课程多主体治理需要哲学本体论、认识论和价值论的合理性辩护与行动指引。立足课程作为制度化实践的本质，需要重建课程的公共性，基于价值公共性需要，课程民主审议政治决策体制为课程治理价值共识提供政治基础③。基于此，幼儿园课程治理平衡需要梳理相关课程治理要素，把握课程治

---

① 陈如平.以课程体系建设为平台，实现学校发展的系统性变革——评北京市海淀区小学"课程整合、自主排课"实验［J］.基础教育课程，2014（9）：33－35.

② 贾建国.区域推进学校课程体系建设的思路、机制与模式［J］.中国教育学刊，2022（3）：86－90.

③ 胡定荣，邱霞燕.学校课程治理哲学思考三题［J］.教育研究与实验，2020（6）：43－48.

图9-1 课程治理平衡模型图

理的关键要素及其平衡，促进共建共享的育人实践主体价值，形成多元的课程治理格局，完善各级课程治理机制。本研究中的课程治理的关键要素主要包含民主治理与集中统一治理、共性思维和个性行为、宏观政策制度与微观实施行动之间的关系的处理。（见图9-1）

左图中，三类课程治理平衡的具体内涵如下。

（一）民主与集中

有学者认为，治理结构中有决策机构，决策规则各有侧重，但"民主"与"集中"两个要素就其决策的实质而言都应包含其中。指出民主集中决策机制中的规范结构与行为结构的错位问题，建议要处理好价值、工具和交往三者之间的关系[①]。

我们认为，治理结构中通过合作共治和主导作用，发挥集中统一决策的价值，课程治理平衡需要处理民主参与与集中统一两种治理方式之间的关系。民主参与强调多元主体在课程治理中的不同参与形式，民主参与保证民主治理的需要。良好的课程治理离不开权力的文明运作，集中统一需充分发挥课程治理权力的高效运作价值。因此，民主参与基础上的集中治理和集中治理下的民主参与相结合，在课程治理中相辅相成，运用实践成果实现课程的民主、科学及有效治理。（见图9-2）

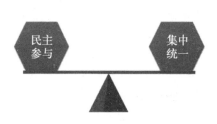

图9-2 民主参与与集中统一平衡图

（二）共性与个性

在研究中我们发现，人的思维不可能天生俱来，也非一蹴而就，而是历经长期工作实践、反复思考磨合逐渐形成的。人的思维既带有个性，也包含共性。因此，课程治理平衡中需要有共性思维和个性行为的统整。思维是人类的高级心理

---

① 阎凤桥，管培俊.对中国公立大学民主集中决策机制的分析［J］.中国高教研究，2021（10）：1-7.

活动，想什么和如何想取决于我们生活的客观世界，我们周围的客体世界为大脑提供了思维内容。由此可见，幼儿园课程治理中的共性思维可以通过课程结构的调整、治理主体的组合、治理方式的创新等提高治理效果。个性行为体现个人的参与和专业能力，促进不同课程治理思维的统合，发挥个人专业能力创新幼儿园课程治理，弥合共性思维中的难点和问题，个性行为成为影响幼儿园课程治理的不可缺少的因素。共性思维和个性行为的统整，有利于创新治理机制，利用内控制度、科学管理、教育理念等来规范学校课程体系和治理过程。（见图9-3）

图9-3 共性思维与个性行为平衡图

（三）宏观与微观

有学者在研究中以儿童哲学课的相关理论为框架，通过分析教师教学的实践经历现状发现，教学心态与教学知识是教师教儿童哲学课的主要问题，而微观与宏观两个层面是影响心态的主要因素[1]。

通过研究我们认为，《幼儿园教育指导纲要（试行）》和《3—6岁儿童学习与发展指南》从宏观上对课程治理提出了指导性的方针，幼儿园在微观实施上经过教学实践、总结、再实践、再总结，有效落实其要求，手段服务于目标，从哪个层面管理更有效，就要从哪个层面提质增效。因此，教学实效性的不足，需要更有效的课程治理模式来弥补。宏观政策制度与微观实施行动相互转换，充分考虑到政策制度的宏观性与幼儿园课程实践行动微观性的契合，具有很强的磨合性，是一种提高课程治理平衡的可行模式。（见图9-4）

图9-4 宏观与微观平衡图

总之，幼儿园课程治理平衡需要充分发挥各要素在实践过程中的价值，构建民主治理与集中统一治理相结合的多元管理体系，优化课程实施中共性思维和个性行为的统整共治，创新宏观政策制度与微观实施行动的治理体制改革，促进基

---

① 萧凯茵.小学教师教儿童哲学课：要求、实践与建议 ［D］.上海：华东师范大学，2023.

于儿童发展的幼儿园课程治理平衡方法及其运用策略的形成。

三、课程治理平衡策略

如何进一步优化幼儿园课程实施机制？如何进一步完善队伍建设机制，赋予每个教职员工快乐成长的机会和空间？如何进一步完善家园共育途径，整合家长、社区物质和人文资源，实现对幼儿园课程内容的丰富？根据治理过程中的问题，我们优化课程实施团队，更新课程治理方式，运用审议式课程治理策略、矩阵式课程治理策略、例会式课程治理策略等灵活多样的治理方式，实现课程治理机制的创新，提升育人实践主体的课程意识，促使其课程治理能力有效提升。

（一）审议式课程治理策略

课程审议是实践性课程理论专家施瓦布（J. J. Schwab）率先提出的。施瓦布认为，课程审议是一种课程开发的实践方法①。西南大学张家军教授认为，课程审议是课程主体通过对话、协商的方式，对特定的课程现象进行观察、讨论，进而达成共识，并作出判断与决策的实践过程，需要经历发现问题、讨论问题，以及达成共识并解决问题等几个阶段②。在我们看来，审议式课程治理策略是指面对幼儿园课程治理改革中存在的诸多问题，将其作为课程治理中的一种解决手段，通过审议活动理解课程治理多方主体各自的立场，通过民主协商在达成共识的基础上完成集体决策。

由此可见，在审议式课程治理策略的实施过程中，课程审议主体必须考虑实施的要素和有效时机，构建科学合理的幼儿园课程审议模式，实现幼儿园课程平衡。根据审议的内容和性质，经过反复实践和研究，我们归纳出幼儿园审议式课程治理模式的"三个类型"，即前置审议、过程审议以及效果审议。

一是前置审议。前置审议侧重在课程设计制定初期，课程实施主体通过理论学习和研讨，取舍适合儿童不同年龄特点的价值目标，初步形成课程计划和实施方案。例如，在实施彩墨教学活动的过程中，有些问题大大地阻碍了儿童的学习

① 熊杨敬. 论教师参与课程审议［D］. 信阳：信阳师范学院，2017.
② 张家军. 论课程审议的内涵、价值取向与过程［J］. 课程·教材·教法，2012，32（6）：9－14.

兴趣、情感体验和技能掌握。根据儿童的年龄和心理特点，我们运用前置审议的方法，经过学习、实践及研讨，形成了以视觉呈现为主的图像模式，用韵律描绘画面美感的诗词模式，赛本领长知识的竞赛模式，多感官体验艺术之美的音乐模式，给予儿童无限自主空间的实作模式等彩墨课程实施模式。基于前置审议的课程治理模式，我们梳理了本园彩墨特色活动的逻辑和架构，在实践研究过程中实现了教师发展、儿童成长，学校课程也被予以优化、落实，收获满满。

—— ［案例 9-1］　前置审议助推彩墨课程实施的"十种模式" ——

在实施彩墨教学中，有些问题大大地阻碍了儿童的学习兴趣、情感体验和技能掌握。《3—6 岁儿童学习与发展指南》指出：要创造条件让儿童接触多种艺术形式和作品；支持儿童自发的艺术表现和创造。为此，根据儿童的年龄和心理特点，我们运用前置审议的方法，经过学习、实践及研讨，形成了彩墨课程实施的"十种模式"。

一、图像模式：视觉呈现丰富儿童的创作

图像模式就是创造性地运用图像来进行教学的模式。当前很多孩子不会画是因为脑海中缺少国际上学者提的"图像库"。图像模式是指通过图文并茂的视觉传达想象。图像模式在彩墨教学中的运用让儿童感受和欣赏大师名画、彩墨画的墨色变化、自然景物和生活中的美好事物，感受形式美和内容美、丰富审美经验，从而培养儿童的审美能力。此外，以活跃的动静结合形式呈现图像，能更好地帮助儿童联想、迁移、想象和创作。选择名画，让儿童欣赏最美的作品；通过看图讨论，得出绘画的方法；儿童通过观察、比较一目了然地发现荷叶的画法和太阳的画法是一样的。将画太阳的已有经验迁移到画荷叶的方法上，在经验的迁移过程中，孩子更加大胆、自信地创作表现池塘里的荷花、荷叶的美景；在欣赏表达了大师其他有特色的作品后，鼓励儿童大胆介绍自己的绘画作品，发现自己作品中的美，帮助儿童树立自信。

二、诗词模式：用韵律描绘画面的美感

诗词模式是一种以诗词为主题，诗配画、画赋诗，诗画融合的教学模式，将中国古典古诗词和童谣儿歌中所描绘的情境贯穿于整个教学活动过程中。再现意境，唤起联想；让诗词融合在教学之中。教师以活动的主题"画房子"为内容找到了儿童所感兴趣的诗词内容。教师非常巧妙地将作画房子的步骤、技能融入了诗词的情境中。教师用"散步"的情境引导儿童画房子，儿童在诗词的情节中表现美。

三、竞赛模式：有趣有规则地赛本领长知识

竞赛模式，概括地说就是采用比赛的形式，激发儿童的表达表现欲望，在活跃的氛围、动静交替的师幼互动、生生互动中进行表达表现。儿童对竞赛有着天然的兴趣。在彩墨画教学中运用不同的竞赛形式可以将重复多次的绘画内容变得自然有趣，改善儿童的学习心理。因此，我们采取竞赛模式的核心就是要激发儿童参与的情绪，在竞赛中激发儿童参与。四个环节，用彩墨形式合作绘画，并通过自我评价提升儿童对自己作品的认可度。

四、音乐模式：多感官体验艺术之美

音乐模式是通过音乐在美术教学活动中的使用，让美术与音乐相互交融、相互渗透。

美术和音乐都是感官艺术，音乐模式在美术活动中的介入可以分为两种形式，"欣赏活动"中的介入和"创作活动"中的介入。在"欣赏活动"中的介入，分为三种：音乐激趣、音乐助学和音乐引思。在"创作活动"中的介入，可以分成两种：背景音乐和介入音乐。以音乐激发的即兴创作活动，是指通过感受音乐，运用美术的各种形式来表现音乐作品中的不同情绪。比如，康定斯基的代表作《音乐会（印象之三）》。这种音乐形式的介入，更多呈现的是倾向于抽象派的作品。

五、实作模式：给予儿童无限的发展空间

实作模式是以儿童为主体进行实践操作的教学模式。实作是儿童探索世界的一种方式。"做"，作为儿童探索世界的一种学习方式，有利于儿童智慧的发展。让实作贯穿教学活动，给予儿童充分的操作机会，让儿童的创造性思维得到最大限度发展，乐于追求变化，勇于探索与尝试。

除了以上介绍的五种模式，还有将故事情节贯穿于整个教学活动过程中的故事模式；以"展示"为手段的展示模式；以游戏为手段的游戏模式；将身边的人、物、材料、情境等贯穿于整个教学活动过程中的生活模式；将教学环境设计在具体场景下的场景模式。当然，课程实施远不止上述十个模式，我们将不断研磨。

二是过程审议。过程审议侧重在课程实施中审议课程计划和实施方案的合理性，对于促进儿童发展的有效性有帮助，从而为调整方案和计划提供依据。例如，我园以打造美术馆课程为切入点来熏陶3—6岁儿童的情操，通过亲子参观、研学等活动等，体现多主体参与课程决策、实施和评价活动中的民主参与。通过创设更多机会和平台对斑斓的色彩、具体的形象、合理的布局予以随时随地的影响以及与材料、环境的互动，让儿童体验并感受美、欣赏美、创造美，从而提升儿童的审美素质。将传统的家长开放日改为主题互动式家长开放活动，以不一样的活动方式让家长参与到幼儿园美术馆课程的建设中来，让家长明白在儿童时期对其进行教育的重要性。家长作为利益相关者，通过制定评价指标，运用照片、故事等记录方法，观察、了解、评价儿童在活动中的行为态度及实施能力，促进家园合作，帮助儿童成长。

─────── **［案例9-2］ 过程审议促进美术馆课程建设** ───────

从已有研究来看，国内外教育界皆非常认可艺术教育对儿童的艺术发展、审美能力起到了至关重要的推动作用，国内外教育者也都在积极尝试将美术馆资源融入幼儿园课程中，但效果尚不明显。针对学前儿童年龄特点的特殊性，该如何发挥"文化铸魂"的引领作用，活跃校园文化氛围呢？我园秉承"笔墨中融入爱和快乐，画面上彰显美和智慧"的理念，建立"墨色星空 立德明志"项目。

一是问卷调查。通过问卷调查，开展家长参与幼儿园美术馆课程的现状研究。对儿童的父母祖辈等家庭成员对于协同幼儿园，在学校、家庭及社区，与儿童共同参与美术馆课程实践活动中的主动性、积极性情况进行调查研究。

二是活动设计。通过项目研究探索国画材料在儿童美术创作中的运用，具体负责彩墨园本教材的实施及完善，创新彩墨新形式，确保彩墨活动的有效实施。形式创新意，在传统墨色的基础上，融入多元的艺术形式，运用较丰富的色彩、线条、形状及材质，用自己制作的艺术品布置环境、装扮自己、美化生活拓展绘画艺术的途径，进一步引导儿童积极主动参与玩色活动。多元化结合，在原有基础上调整优化"墨色星空"外环境、彩墨专用活动室及班级区角，打造名家作品欣赏和儿童实践体验融合的美术馆环境氛围。同伴助合作，能独立也能与同伴合作，运用多种工具、材料或不同的表现手法来表达表现观察到的事物和自己的感受与想象。家园凝合力，将彩墨延展至家庭、社会，通过各类展示活动，让每个儿童具有自爱、自信、自律、自主的表现，初步培养儿童的艺术表现的兴趣与创作的能力。资源拓路径，通过专家指导、实践研讨、外出参观、园际牵手、每月画展（儿童、亲子）、画册交流、社区联谊、资源共享等形式，定期开展实践活动，让儿童感受多种多样的艺术形式和作品。

三是实施推进。研究"采星家"作为评价的标准，在评价课程实践时，衡量课程实施状况及其效果的标尺，课程评价的标准就是这种衡量的标尺。儿童的发展也是课程效果的主要体现，教师和儿童是整个评价过程中的被评价者，应确保课程评价的结果能为幼儿园、教师、家长和儿童提供有用的信息，包括儿童在美术馆课程中的学习能力、学习态度、情感和价值观等方面的发展。在"采星家"评价标准的基础上，探索方法的运用。在课程实施中及时记录儿童在教育过程中的行为反应，并以此定期对照预定目标，检查和评估该目标本身以及所实施的教育内容、方法、手段等是否合适。通过制定评价指标，运用照片、故事等记录方法，观察、了解、评价对象在活动中的行为态度及实施能力，促进家园合作，帮助儿童成长。在家长评价的过程中，评价应该自然地伴随着整个教育过程进行，应该根据评价目的与内容，综合采用观察、谈话、作品分析、问卷等多种方法开展。

四是创新评价。在我园特色课程"美术馆"的构建中，家长是重要的教育资源，邀请家长参与评价活动，将极大地丰富教育资源，促进幼儿园与家长、社区的沟通交流。《幼儿园教育指导纲要（试行）》中明确指出："教师、家长、儿童均是幼儿园教育评价工作的参与者，评价过程是各方共同参与、相互支持与合作的过程。"面对儿童丰富多彩的主题活动，如果我们因循守旧，采用单一的评价内容与方法，势必无法真正认识儿童的发展特点、发展细节及其长短处，也就难以有针对性地肯定、支持、激励和引导儿童的进一步发展。只有在充分地了解了儿童的实际发展水平后，我们才有可能提供适宜的支持性学习策略。

五是有效调整。美术馆教育这件事需要我们每个人一同努力，让儿童通过美术馆这个端口来认识生活、认识世界，提高家长对儿童美术馆课程的认识，丰富其参与实践活动的经验。

三是效果审议。效果审议侧重课程后期的结果评价分析，关注课程管理的质量。效果审议不仅对幼儿园课程实施的整个过程进行审议，也会审议其他与之相关的内容。例如，着力探索思政素质课程系列特色活动，将核心价值观启蒙教育融于基础课程的四大板块，通过启蒙教育的实践研究，形成幼儿园园本化教材。在效果审议方法的运用中，以故事为载体开展3—6岁儿童社会主义核心价值观启蒙教育的实践，为3—6岁儿童社会主义核心价值观的建立和发展提供保障。效果审议促进德育启蒙教育研究，实现了核心价值观引领下的人的成长，潜移默化中形成儿童良好的个性品质。宽容、友爱的班级文化初步形成，同伴接纳的行为在一日生活中自然出现，"爱国"的观念埋进孩子们的心中，"遵守约定，说到做到"的诚信水平有了明显的提高。儿童在叙述故事时的语言更具完整性和生动性，思维也更具严密性和逻辑性，儿童的自我意识、自信心明显增强。

———————— ［案例9-3］　　效果审议提升德育启蒙教育内涵 ————————

基于儿童发展，以故事研究为抓手，通过《关于幼儿社会主义核心价值观启蒙教育》的实践研究，增强幼儿的意识，初步改善幼儿的行为，帮助幼儿树立基本的认同感和归属感。整体规划"动人的故事　美好的价值"——幼儿核心价值观启蒙教育活动的开展，让幼儿对文明、爱国、诚信、友善等价值观有深一层的理解，调动幼儿积累价值观经验的主动性。制定具体的实施计划，成立幼儿社会主义核心价值观启蒙教育项目组，项目组组长负责策划并安排阶段实施教学目标、内容及活动设计，组员负责课堂教学实践。邀请专家来园对故事价值点的把握、教学目标的制定、过程的设计及价值观重难点的把握等方面进行指导，提升项目组组员的实践能力；在实践中对故事进行筛选后设计教学方案，通过设计——实践——反思——调整研讨价值观启蒙教育教学方案，形成园本化教材，并完善幼儿园核心价值观启蒙教育的故事资源库。结合幼儿园多元化的各项活动，激发学校、家庭和社会共同参与，助力幼儿对价值观的内化，使其形成初步的认同感和归属感，从而促进其良好品行的形成。

一、明确3—6岁幼儿社会主义核心价值观启蒙教育的分类目标和行为描述

结合社会主义核心价值观中的"文明、爱国、诚信、友善"这四个关键词，寻找幼儿一日生活中的培育点，确立"3—6岁幼儿社会主义核心价值观启蒙教育的分类目标和行为描述"。

二、形成3—6岁幼儿社会主义核心价值观启蒙教育的故事内容库

故事作为社会主义核心价值观启蒙教育的载体，研究注重故事选择的来源和

原则，由此形成故事内容库，并总结出了故事选择的基本经验。

（一）内容来源

传统故事是强调插图精美，文字简洁，以民族文化内容为主体的故事。红色故事是让幼儿了解历史，感受到幸福生活来之不易、热爱伟大祖国的故事。生活故事是发生在幼儿的一日生活中，以养成良好生活习惯和品行为重点的故事。研学故事是走进场馆，走进人文历史，获得美与文化熏陶的故事。

（二）选择原则

故事内容的选择遵循"教育性原则、适宜性原则、实时性原则和生活化原则"，强调内容的选择与幼儿年龄相符（或进行相应的删减、改编），贴近幼儿生活经验，易于幼儿阅读、倾听与理解，幼儿爱听、乐听、能懂、会懂，能获得积极体验。

三、提炼3—6岁幼儿社会主义核心价值观启蒙教育的实践策略

从故事内容、情节、角色、场景和线索方面挖掘所承载的"文明、爱国、诚信、友善"价值点，研究形成适宜幼儿学习理解，与其生活体验相链接的实践策略。

（一）故事线索导入策略

故事线索导入策略是指通过故事发生、发展、变化和结果的规律，激发幼儿学习兴趣，将核心价值观渗透全过程。具体包括：主题导入法，强调重点情节的熏陶；环节导入法，注重情节的连接，环环相扣层层渗透；难点导入法，采用抛问题、抛两难情节来直奔核心。故事线索导入策略潜移默化地将故事承载的核心价值融于线索并种于幼儿心中。

（二）故事内容体验策略

故事内容体验策略是指幼儿在身体动作、语言表达、情感共鸣中参与故事活动，产生身心体验与情绪反应，实现认知体验与改变，接纳价值导向。具体包括：故事生成法，基于生活体验，幼儿创编自己的故事，实现生活价值理解；故事探索法，幼儿在"叽叽喳喳"的交流中，互相讨论，积极探索，体验故事的核心价值；故事表现法，幼儿通过唱、跳、画、演等方式，复盘对故事的体验与理解。

（三）故事情境再现策略

故事情境再现策略是指幼儿通过场景感知，浸润互动，在观察与亲身活动中获得体验，并与自己的生活、学习经验所勾连，得到人文历史教育。主要包括三种方法：计划先导法，在活动前，根据幼儿的学习需求和发展需求，自行创设场

景、制定计划，开展人文历史熏陶；活动感受法，幼儿身临其境直接交流现时感受，分享体验；记录发现法，活动后，幼儿回顾活动经历，通过符号、图示记录所见、所思、所感，拓展原有故事情节。

（四）故事价值教育策略

故事价值教育策略是指挖掘故事内容中蕴含的社会核心价值点，在一日活动的碎片化时间加以渗透与强化，支持幼儿在生活行为中输出。具体包括：价值取舍法，根据幼儿的年龄特点取舍故事中的价值点匹配生活；价值植入法，在特定的生活场景，如幼儿升旗仪式、成长礼等时刻，自然植入核心价值点，使其入心入脑；价值延伸法，幼儿在生活中对已认知的核心价值进行辨别、迁移、运用，体现适切、适时，如在别人需要的时候给予帮助才适宜。

审议式课程治理策略有利于幼儿园课程实施方案的优化，对原有课程理论具有正面的建设性作用，能够促进原有课程实施成果的推广，在幼儿园课程实施重点项目推进过程中贯穿始终。

（二）矩阵式课程治理策略

有学者从横向主题和纵向演进两方面，分析了国内外治理研究的不同方法，有从要素视角解构数字治理，有从整体层面对具体问题进行分析，呈现出从概念转向应用、理念转向技术、系统转向要素、低维转向高维等特性，表现为应然与实然的反复、宏观至微观的下沉、单一向多元的牵转、城市到乡村的扩散①。我们研究中的矩阵式课程治理策略是指在确定治理核心问题的基础上，明确治理的目标导向，通过横向治理与纵向治理相结合的方式，运用多样的协调行为和方法，实现课程实施的合理与和谐。

一是横向治理模式。通过治理主体的不同组合，实现横向合作，创新治理多要素、多主体之间的治理方式的改变，实现课程结构的调整。在课程实践中，发挥时间和空间等要素的作用，体现主体在治理服务机制中的作用。比如，学校以其特有的方式嵌入到家庭和社会课程治理的不同形式中。现行的家长工作均停留

---

① 杨巨声，胡国鹏，关阵.国内外数字治理研究的横向分野与纵向演进——基于文献计量和知识图谱分析［J］.科学决策，2023（1）：133－148.

在教师发号指令、家长服从配合的水平，难以解决家长家教的现实问题，家园共育的实效性大打折扣。比如，"家家互助"治理模式的尝试，一方面给孩子提供了各种交往的场合，给予孩子在一起玩的机会，同时也给亲子之间创造了更多在一起相互陪伴的机会，增进了家庭关系；另一方面给予家长分享各种经验的平台。孩子的活动形式和内容更丰富了，同伴间的互动、亲子间的互动比起看电视更吸引孩子了，也给予了孩子充分交往、表达表现的机会，儿童的个案问题得以解决，儿童在不同方面得到发展。横向治理法的运用旨在通过与家庭、社会的平等合作获得政策支持和人力、物力的保证，这是幼儿园课程治理发展的必然需要。学校、家庭和社会进行有效合作，形成良好治理的基础性条件，确保课程治理运作机制灵活，实现具有良好的社会动员能力和资源整合能力，有效推动课程治理问题的解决，从而达成幼儿园课程治理的优化。（见图9-5）

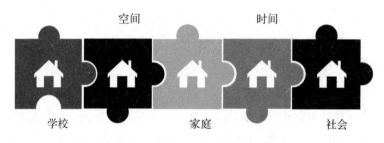

空间　　　　时间

学校　　　　家庭　　　　社会

图9-5　横向治理实施模型图

───────────── ［案例9-4］　横向治理创新家园共育新模式 ─────────────

现行的家长工作均停留在教师发号指令、家长服从配合的阶段，难以解决家长家教的现实问题，家园共育的实效性大打折扣。基于以上这些问题，我园运用横向治理的方法试图探索一种规范、精细又个性的家教新模式，通过"家家互助小组"的形式，即利用小组工作的方法，通过家长之间的分享、分担、支持，发挥家长解决问题的能力，通过相互间的合作提升家长的家教水平，充分发挥家长的主观能动性，整合家长自身的资源，促进家园有效共育。

"家家互助小组"家教工作新模式的运作遵循着以下两个阶段：第一阶段成立"种子家长小组"，开展培训；第二阶段"种子家长"招募组员，成立各个小组，开展小组活动。在此过程中，形成了新的架构和运行机制（图9-6）。

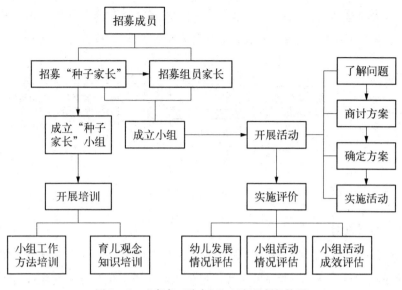

图9-6 "家家互助小组"运行机制架构图

一、招募机制

招募分为两个部分：首先是"种子家长"的招募，其次是小组组员的招募。种子家长的招募由学校进行，通过推荐和自荐的方式，招募要求明确，需要有一定组织能力、有空余时间、大专及以上文化水平、育儿理念先进、育儿方法强的家长。组员的招募由种子家长在自愿原则的基础上进行招募，学校负责宣传，种子家长自行筛选组员，形成一支稳定的小组。

（一）"种子家长"的招募（图9-7）

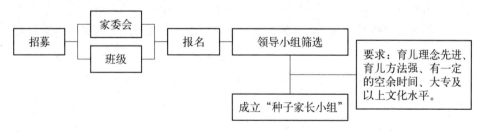

图9-7 "种子家长"招募流程图

（二）组员家长的招募

通过几次小组活动，当"种子家长小组"中的家长在理念和方法上都比较成熟后，按居住区域将这些家长进行划分，分别负责自己所在小区的"家家互助小组"，招募小区内本园的其他家长，成立发展性小组（图9-8）。

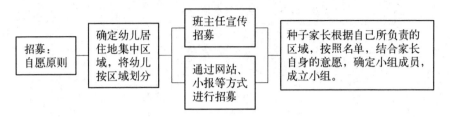

图9-8　组员家长招募流程图

二、培训机制

"种子家长"的培训主要由老师负责，从两方面开展：一是小组工作方法的培训，主要从方案的设计、组员的招募、小组的组织、小组的带领技巧这些方面开展。二是育儿观念育儿知识的培训。结合前期调查结果，我们主要从家长的角色和自我意识、儿童自理能力、交往能力、生活习惯养成、情绪应对等方面开展培训。我们要求"种子家长"培训参与率必须在80%以上。

三、活动机制

活动开展需要由种子家长与教师共同商定方案，然后由种子家长负责落实，教师从旁观察、协助。这样的活动机制既凸显了家长的主动性，又体现了教师的专业性，保证了活动质量。

小组活动的实施经过以下几个过程：

一是凝聚。家长、儿童集中在一起，创造机会增强孩子间和家长间的相互交往，在此过程中有目的地交流家教问题及解决的方法，在开放、松弛的氛围中亲密小组成员间的关系。二是梳理。由种子家长为主，对小组中探讨的内容、问题、解决的方法等进行简单梳理，种子家长难以解决的问题可以寻求老师的帮助。我们通过目标问题量表，让组员将自己的育儿困惑进行排序和前测，种子家长则根据量表收集与梳理该组的育儿问题、困扰。三是成型。通过彼此关系的建立、交流内容与梳理问题之后，各小组稳定成型，根据每组组员的需求，种子家长与教师会一起制定一些活动方案，开展小组活动。四是流动。在小组活动的过程中，每个小组都形成了或多或少好的育儿经验，因此，我们请他们到学校给另一部分需要但又不在小组内的家长开展家长沙龙活动。打破以往都是教师、专家讲的形式后，讨论气氛变得异常热烈。家长们积极提问，共同讨论。五是借助社区资源。当家、园可以在园内园外达到一致时，我们能借助更多社区的资源。社区可以为小组提供开展活动时所需要的场地，开展寒暑期亲子活动、安全讲座、"一年级家长有话说"幼衔接分享会等，让家长关心的问题可以在幼儿园、社区的支持下得到解决。同时，还有一些户外活动，能进一步丰富家长、儿童的课余生活，帮助幼儿园和家长更好地做到家园一致。比如，我们与安亭镇农委生态园签订了共建协议，成立了亲子活动基地，不仅为我们小组提供了活动场地，还提供了很多教育资源。还有春盛苑、七村、五村、莱茵社区都是我们的共建伙伴，为我们小组开展活动提供了便利。在此过程中，早教进社区活动也由各个小组承担，家长们在小区内对即将入园的儿童进行宣传与咨询，孩子们在一个个"游戏摊位"上陪伴和指导0—3岁儿童进行游戏。

每月开展2次有利于小组成员的活动。比如，亲子互动：通过户外游戏、参观体验、家庭聚会等加强亲子间的互动，同时也增强家庭间的互动。群养式体验：把孩子集中在一家，傍晚或者休息日一起游戏、生活、运动、阅读等。这样使得家庭间的很多资源可以共享，达到节能共享的目的。（见表9-1）

表9-1 "家家互助小组"活动类型一览表

分 类 标 准	"家家互助"小组活动
小组活动形式	家教培训型 经验交流型 亲子游戏型 户外拓展型
小组活动场地	室内封闭型 室外开放型
小组活动主题	生活型 游戏型 运动型 学习型 社交型
小组活动对象	家长 亲子

四、评价机制

对于"家家互助小组"家教工作新模式成效的评估，我们从三个方面开展：儿童发展情况评估、小组活动情况评估以及小组成效评估。儿童发展情况评估：我们采用个案研究的方法，由教师对于小组中的突出个案进行观察跟踪记录，形成案例。小组组员意见反馈：在每次活动后都会让家长填写反馈意见表，通过反馈意见表，我们可以了解到本次小组活动好的部分、需要改进的部分等。通过对家长反馈意见的汇总，我们可以发现家长和孩子对哪部分活动最感兴趣，收获最大，他们的意见和建议也会成为下次活动方案制定的依据。组员成长手册：为每位组员下发一本成长手册，包含基本信息、小组活动中的情况以及家中的情况。家长可以记录自己在小组中的收获和孩子的成长片段。小组成效评估：我们采用目标问题量表，通过前后评测对比，对整个小组活动进行成效评估。

二是纵向治理模式。通过发挥个人专业能力在幼儿园课程实施中的积极作用，自上而下与自下而上相结合的治理方式的纵向干预，促进幼儿园课程治理多主体良性互动，在共建共享课程治理平衡的构建中，以对话、反思、评价等互动方式，促进不同课程治理思维的统合。例如，纵向治理推动"一班一品"学习项目探究。从儿童的发展优势与弱势这两个方面来加以分析，以便发扬儿童的强项，弥补儿童的短处，促进每个儿童更好地成长。依据教师的特长、家长的资源以及班级的环境等方面的优势来选择班级活动的项目。"一班一品"学习项目的评价，以目标为导向，关注个体差异，儿童与教师都是评价的主体，注重过程性评价。设计游戏情景，进行发展性评价。运用学习故事，开展过程性评价。开展争星活动，引导自主性评价。纵向治理模式是随着多元主体在专业能力、独立性、资源利用等方面的进步和发展，随着个体作用和定位认识的逐渐明晰，多元主体将在磨合中形成和谐有效的权力分布的治理模式。（见图9-9）

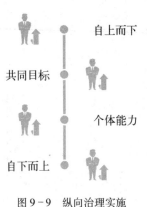

图9-9 纵向治理实施模型图

[案例 9-5]　　纵向治理推动"一班一品"学习项目探究

为了满足不同年龄阶段儿童的发展需求，是为了凸显班级的特色，加大教师和儿童在课程治理中的自主权，我们运用纵向治理法推动"一班一品"学习项目探究，以"一班一品"个别化学习活动为切入点，开展班本化实践探索活动。

一、分析与选择学习项目

（一）考虑儿童的学习兴趣

儿童的学习兴趣，是教师选择本班"一班一品"学习项目的首要条件。细心观察及集体讨论是教师辨别儿童学习兴趣的两种基本方式。细心观察就是教师观察儿童在各类故事活动中的投入情况；集体讨论就是师幼针对"喜欢开展什么样的故事活动"这一话题进行交流。例如，小一班教师，通过仔细观察，发现儿童非常喜欢模仿故事中的拟声词，就为儿童选择了"故事配音"的项目；大三班教师，通过集体讨论，发觉儿童制作表演道具的兴趣特别浓厚，就为儿童选择了"道具制作"的项目。

（二）根据儿童的发展水平

儿童的发展水平，可以从儿童的发展优势与弱势这两个方面来加以分析，以便发扬儿童的强项，弥补儿童的短处，促进每个儿童更好地成长。例如，大二班教师发现儿童"爱绘本""爱表演"的强项后，就为儿童选择了"宝贝绘演戏"的项目；中二班教师发现儿童手部肌肉发育较差、精细动作发展较弱，就为儿童选择了"剪纸故事"的项目。

（三）依据班级资源优势

班级资源优势，包括教师的特长、家长的资源以及班级环境等方面的优势。教师依据以上优势来选择班级活动的项目。例如，大一班教师因为担任校园主播，就为儿童选择了"阳光无线电"的项目；中三班教师因为班级中有家长从事编剧工作，就为儿童选择了"故事编辑部"的项目。

二、推进与调整学习项目

（一）做好顶层设计

"一班一品"学习项目的顶层设计，由我园故事项目组统筹完成。经过研讨，制定了《幼儿园"一班一品"个别化学习项目实施方案》，厘清了项目总体目标、实施方法、实施步骤、评价方式、组织保障等，为"一班一品"学习项目的后续研究指明了前行的方向，确定了可行的路径。

（二）制定活动方案

在选定学习的项目以后，各班便从内容、材料、观察要点、预期成果等方面进行思考，制定活动方案。然后，还要依托大教研组来推进"研讨——>改进——>再研讨"这一循环往复、不断提升的过程。

（三）推进活动实施

在方案确定以后，各班便着手开展实施工作。然后，各年级小教研组每月都会组织各班教师进行"一班一品"的专项教研活动，分析儿童的年龄特点、发展现状，提出改进的建议。

（四）调整活动方案

我园定期邀请各方面的专家学者来园指导"一班一品"学习项目，举办沙龙活动，大家各抒己见，真诚交流。教师借此良机，调整班级活动方案，更好地促进儿童的学习与发展。

三、评价与分析学习项目

"一班一品"学习项目的评价，以目标为导向，关注个体差异，儿童与教师都是评价的主体，注重过程性评价。

（一）设计游戏情景，进行发展性评价

此评价方式以教师为主体，从儿童的体验出发，让儿童在"玩故事"的游戏情景中自然表现。教师依据"一班一品"学习项目细化的目标，对儿童进行观测，进而评价儿童的发展水平。例如，教师依据大班儿童编演故事的目标，提供了许多动物服饰，让儿童与同伴自主协商，共同讨论，利用现有的环境和材料，分组表演一个与动物有关的故事。教师则根据儿童的表现，对儿童编演故事的水平进行评价。

（二）运用学习故事，开展过程性评价

此评价方式以教师为主体。教师先采用自然观察法，观察儿童在一日活动中的各种自然表现，撰写儿童的学习故事，展现儿童的学习状态，评价儿童的发展过程。

（三）开展争星活动，引导自主性评价

此评价方式以儿童为主体。儿童通过参加"故事之星"评选活动，进行自主性评价。评选活动在各班展开，评选内容因学习项目的不同而有所不同，评选结果有"编故事之星""演故事之星""讲故事之星""听故事之星""画故事之星"等。评选前，教师和儿童共同制定评选规则；评选时，儿童对照规则，自评并记录星数，月末累计星数；评选后，颁发相应的"故事之星"奖章。

矩阵式课程治理策略在幼儿园确定治理核心问题的基础上，明确治理的目标导向，教师参与课程治理的能力明显提高。教师创新课程实施方法，赋予了教育更多的生命力，从儿童发展的角度科学地引导儿童，诠释"以儿童发展为本"的理念。横向治理与纵向治理相结合，教师更好地诠释对职业的热爱，在不断探索中实现课程治理方式的优化组合，达成课程治理平衡。

（三）例会式课程治理策略

通过实践研究我们梳理了例会式课程治理策略，它是指围绕特定的难题，定期地采取案例解剖方式，在有专业引领的情境下，对解决难题的方法进行研讨，实现了宏观政策制度与微观实施行动的相互转换。例会式课程治理策略关注课程的有效实施这一问题，通过例会制度，在常规项目实施中多元主体构建有效的学研路径，避免学校课程发展的随意性，运用宏观政策制度来指导学校课程的实施发展。我们将教研、科研有机融合，梳理构建幼儿园教师学研共同体的组织形式，促进课程主体专业水平的有效提升。基于教师需求的教科研融合的学研共同体的构建研究，通过多种途径的教师学研方式，在不断尝试、反思、调整、再尝试的过程中，提升课程主体课程治理的能力。（见表9-2）

表9-2 例会式课程治理基本形式一览表

基 本 形 式	操 作 要 点
点面式： 运用点面结合法和智慧传递法，以成果研究为导向，运用已有成果，实现个体与群体经验的转化。	1. 基于教师个人发展及需求，帮助教师将个体或部分的成果经验得到转化。 2. 将经验成果转化的面扩大至全体教师，包括成熟型教师和新手教师，不单指向骨干教师。

基 本 形 式	操 作 要 点
阶梯式： 运用项目聚焦法和情景再现法，以问题研究为导向，围绕一个问题有目的、有针对性地研究。	1. 教师自主形成项目组，在步调一致、行动统整的实践中带着问题有目的地研究。 2. 以实践中的问题激发思维，引发进一步的思考，达成阶梯状的学习和研究，满足教师个性发展的需求。
螺旋式： 运用资源供给法和知行合一法，以行动研究为导向，通过实践验证，聚敛个性经验，逐步提升整体能力。	1. 组建教学资源库，帮助教师在实施的不同阶段寻找到相适宜的资源，提升课程实施质量。 2. 将个体实践经验予以及时收集整理，在循序渐进中更新资源库内容，满足各个层面教师的需求。
散状式： 运用教学相长法和网络群论法，以目标研究为导向，通过个体发散性思维，聚焦核心关联，厘清研究方向。	1. 把学习时间分隔成几个阶段，阶段之间又有一定的间隔，学习时间相对分散，在动态反思中寻找问题。 2. 在不同的空间里，有共同兴趣和爱好的教师畅所欲言互动交流，在一次次的思维碰撞后实现教学相长。

1. 智慧传递，问题聚焦

运用智慧传递法根据专题教研活动中的重点和学术节活动的主题等，鼓励全体教师积极参与，通过故事、视频、实施过程描述、案例分享等分享交流专项成果，帮助教师解决课程实施中发现的共性问题和困惑，从而实现教师专业能力的提升。以学术节"我走过的星路"教师成果分享为例，通过教研活动对已有成果吸收、理解与运用，从而达到课程实施有效性的目的，形成研究成果运用于教研活动的构建。学术节专项交流中以不同教师层面的成果进行交流，探讨教师发展阶段中发现的共性问题。教师由理解到梳理，通过对已有成果的吸收、理解与运用，将经验成果转化的面扩大至全体教师。又如，运用点面结合的方法将研究成果转化为教师培训课程，帮助教师成功地实现将单一的课题成果向群体经验的传递。智慧传递，教师由理解到梳理，通过对已有成果的吸收、理解与运用，达成个体对成果的内化，最终达到自我提升的目的。通过开展基于教师个人发展及需求的教科研融合的学研共同体的研究，将经验成果分享的面扩大至全体教师，成熟型教师和新手教师均有机会分享成果。

───── ［案例9-6］ **点面结合优化故事育人活动设计** ─────

在培训课程中，以"动人的故事　美好的价值"幼儿核心价值观启蒙教育为重点项目，教师开展现场活动展示和活动后的专题研讨，并运用其中的成果指导教师以绘本为载体设计与实施集体活动。

以中班语言活动《大树妈妈》的设计为例，教师基于故事线索的提问能够引导幼儿更投入地理解故事内容。

教师的环节设计意图是："初步理解——欣赏故事主要情节，根据画面线索进行联想与表达，为仿编做铺垫。"在该环节中，教师可以基于故事的开展情节设计故事线索环节。

导入提问：

大树妈妈，喜欢娃娃，有许多娃娃都要做大树妈妈的娃娃。

引出小鸟：听（声音），是谁来了呢？

关键提问：小鸟会对大树妈妈说什么呢？有没有不同的想法？

小结：小鸟对大树妈妈说："我来当您的娃娃，我为您……"

引出蚯蚓：看（动作），谁也来了？

提问：地里的蚯蚓会怎么对大树妈妈说呢？蚯蚓还会为大树妈妈做什么呢？

小结：蚯蚓对大树妈妈说："我来当您的娃娃，我为您……"

引出小星星：猜猜（一闪一闪亮晶晶），是谁来了？（小星星）

提问：天上的小星星会对大树妈妈说什么呢？做什么事会让大树妈妈很高兴呢？

小结：小星星对大树妈妈说："我来当您的娃娃，我为您……"

师幼完整欣赏故事。

（环节设计意图：通过故事线索环节导入与联想，欣赏理解故事情节，进一步尝试联想与表达。）

通过教师对故事情节中出现故事角色线索的情境导入，在平行的情节提问中，调动幼儿不同的感官体验。幼儿通过倾听、观察、猜测等不同方式，让故事线索中出现的角色变得有趣，更易于幼儿理解和激发其思考，帮助幼儿在故事环节推进中有效学习，让社会主义核心价值观中的友善、文明的语言交往能力在幼儿心中生根发芽。

教研组结合集体活动《大树妈妈》开展了学习与研讨，通过巧妙设计教学活动来提升幼儿核心素养。点面结合的共同体学习路径帮助教师成功地让个体或部分的成果经验得到更广层面的转化。通过学研活动，教师在设计活动时，积累了多种不同的导入方法，如环节导入法、难点导入法、故事生成法、故事表达法、活动感受法等，为教师后续的活动设计提供了借鉴。

2. 资源供给，案例解剖

根据教师的需求，我园组建了教学资源库，分为生活、运动、游戏、学习、环境创设等几大板块，资源库的供给为教师一日活动的实施提供帮助，由于其便捷、选择面广、操作简单等多面性，教师充分掌握了资源库的应用规律，通过项目聚焦构建研究资源库，使之更好地辅助教育教学活动。例如，在项目聚焦法的实践过程中，教师根据各自的实践兴趣、困惑等主题形成项目组学研共同体，针对相应的问题进行反复实践研讨。本路径有一个过程性的实践研究，是经过反复多次的有目的的针对性研究，有一个递进性的学、研路径。

———————— ［案例9-7］　项目聚焦构建课题研究资源库 ————————

以"案例的撰写"活动为例，通过项目聚焦的学研共同体之间有层次性的学习研究，教师清晰地了解项目推进的主体，同时在学研、实践推进的过程中，逐级推进研讨实践，把握项目关键，积累案例和成功经验，形成幼儿园小课题群，从而丰富了幼儿园课题研究资源库。（见表9-3）

表9-3　"案例的撰写"指导过程分析表

问题研究	青年教师案例撰写 新教师1：案例撰写结构有点模糊，不知道大概从哪几部分来写的？ 新教师2：案例撰写有什么特别需要注意的地方？ 新教师3：分析这一部分我不是很清楚。……
逐级推进	**首次**：组织青年教师就案例撰写中的困惑进行交流，由科研组长根据教师的问题组织相关的指导。 **其次**：青年教师上交一份案例，科研组长梳理出共性（案例背景和案例分析的具体表述，撰写时容易雷同）、个性问题（案例实录的表述需要注意什么，怎样体现客观性；案例分析要呈现哪些方面；撰写策略时如何表述清晰等），和青年教师面对面沟通，并围绕某一案例进行具体、详细的剖析，帮助青年教师更清晰地看到问题并通过互动寻找案例完善的办法，活动后相关教师修改案例。 **再次**：收集教师修改后的案例，继续跟进指导。针对共性问题"案例背景和案例分析的具体表述，撰写时容易雷同"进行集体分享，再次剖析实例，对于有进

步的地方进行对比性讨论，引导教师更清晰地明确"背景是大环境""分析是针对本次案例的思考"的不同点。老师的个性问题则通过小组（同一问题的两、三人）面对面开展交流反馈，如，实录撰写不要有教师的主观判断、分析的针对性要明确、策略先概括表述后详细阐述等。

3. 方法研讨，行动落地

在方案调整的过程中，老师的观念有所转变，《3—6岁儿童学习与发展指南》和《幼儿园教育指导纲要（试行）》中的指标性内容，老师们都能关注，并充分发挥儿童的自主能动性，尊重儿童自己的想法和需求，满足儿童的个性需求。通过理念和行为相互转化，在方案中更好地呈现活动的情趣性，关注对儿童品质的培养。

—————　[案例9-8]　知行合一实现理念行为相互转化　—————

聚焦幼儿核心素养，深度理解幼儿、把握核心内容、创新适宜方法，提高落实三位一体的综合能力，帮助教师实现理念和行为的相互转化与生成。以运动调研为例，在运动方案调整的过程中，老师的观念有所转变，《3—6岁儿童学习与发展指南》和《幼儿园教育指导纲要（试行）》中的指标性内容，老师们都能关注。在运动中能发挥儿童的自主能动性，儿童能根据自己的想法和需求，巧妙地选择适合的运动器械，儿童运动兴趣普遍较高。

以小班《我的鳄鱼》平衡活动为例，老师把家里面闲置的鳄鱼带到了学校，是一个比较大型的毛绒玩具，因为近期在研究户外运动，在现场调研的过程中，大家发现如何激发小班儿童的运动兴趣相当重要。老师发现有很多孩子很喜欢生活区休息那一块的毛毛虫座椅，他们一到运动的时候也会去坐那些座椅或者是娃娃家里的一些塑料椅子，但是对运动这一方面的兴趣并不是很大。运动主要是促进孩子的动作发展，如果孩子不动的话，那就没有了运动的意义，为了鼓励孩子运动、激发孩子的运动兴趣，老师将家里的大鳄鱼拿到了学校，并和班中的孩子进行了互动。老师对孩子们说："大鳄鱼来了，快爬上我们的独木桥。"就这一句话，孩子们听到了，都按捺不住心中的那一份激动，有的冲过来抱住大鳄鱼，有的快速地躲上了独木桥。于是，老师又跟进说道："如果独木桥上躲不住的话，可以去乘你们的小轮船哦。"有的孩子便躲到了他们的小龟壳上。"哇，你们的本领真大呀，大鳄鱼喜欢和本领大的朋友在一起，谁能走过独木桥爬上这座山的山顶呢?"孩子们的兴趣彻底被激发了，他们走过小木桥，爬上斜坡，到达了我们的大型玩具。孩子们又是走独木桥，又是爬斜坡，还要到大型玩具上去拥抱大鳄鱼，搬运大鳄鱼。在这个互动的过程中，孩子们得到了充分的运动，动作也得到了充分的发展。"我们和大鲨鱼一起去阴凉的地方休息一下吧。"孩子们快乐地接受了老师的建议。运动结束时，大家还礼貌地和大鳄鱼告别。

通过理念和行为相互转化，我们感受到增加小班的情趣性很重要，在理论上有了《3—6岁儿童学习与发展指南》和《幼儿园教育指导纲要（试行）》的支持，对儿童发展目标有了了解，对于儿童的运动量和情绪，特别是品质方面的培养，在方案中也有了更好的呈现。

────── ［案例9‐9］　　教学相长中动态反思寻找方法 ──────

有着绘画专长的教师对拓展彩墨画有大胆创新的想法，基于"玩中学"的思想，将在开展"墨色星空"个别化学习活动的基础上融入多元的艺术形式，拓展彩墨绘画的新路径，进一步引导儿童积极主动参与彩墨活动。这些有着共同兴趣追求的教师组建了"艺术创想"项目组，对环境和物品等多方面进行探讨，户外玩色方案在大家的共同努力下在实施形式上有所创新，如印画、染画、吹画、刷画、线画、线绳画、滚珠画、蜡笔水粉画、撒盐画等，多种美术活动的形式与彩墨融合。（见表9‐4）

表9‐4　中班幼儿户外玩色方案一览表

活动名称：咕噜咕噜滚（户外、室内） 地点：走廊边的操场和台阶、室内大厅。 材料： 1. 车轮、滚筒、球（乒乓球、高尔夫球、网球等）、瓶子。 2. 大托盘、薄海绵（2 cm 厚）、调色好的颜料壶、画笔。 3. KT板、纸板、布（白色）、自然材料（树叶、树枝、木片）。
活动名称：壁画（户外） 地点：大树下。 材料： 1. 大石头、花坛、户外桌椅、运动器械（轮胎、长凳、板等）。 2. 水桶（5个）、水粉颜料、水粉笔、调色板（废旧白篮筐盖）。

活动名称：消灭病毒（户外） 地点：大树北的墙面。 材料： 1. 布、KT 板、纸板（悬挂在墙面）。 2. 纸巾球（布球、海绵球等）、一次性手套、眼睛贴纸。 3. 雨衣、水桶（5 个）、水粉颜料、搅拌棒。
活动名称：《变废为宝》（户外、室内） 地点：廊道。 材料： 1. 废旧材料（油桶、矿泉水桶、纸箱等）。 2. 水粉笔、水粉颜料、水桶 5 个、调色板（废旧白篮筐盖）。
活动名称：影子画（户外） 地点：大树下。 材料：油画棒、蜡笔、垫子、帽子、大卡纸、画板。 玩法： 1. 摆出不同动作，画自己身体或身体局部的影子。 2. 拼搭工具或材料，如积木、工具等，画辅助材料的影子等。 3. 寻找身边喜欢的建筑和树木画自然材料的影子：大树、叶子、滑滑梯。

教师在思维碰撞、灵感激发、吸取他人之长的基础上，根据不同的内容及多种材料不同的组合又延伸出成若干个玩色游戏，短短几周的时间，大家一起制定出一份中班幼儿户外创意玩色方案。大家未来将在中班幼儿的基础上继续为大班幼儿户外玩色活动进行创想，在一次次的思维碰撞中通过截取、吸收、运用，从而达成教学相长。

例会式课程治理策略通过学研共同体的组建和多种学研路径和方法的探索，实现了宏观政策制度与微观实施行动的相互转换。各个层面的教师运用不同的方法和路径从理解出发进行梳理，在实践推进过程中积累成功经验，大家有层次、有重点、有目的地学习研究，达成教师整体对政策制度的理解与运用，最终满足儿童的发展需求。

综上所述，幼儿园课程治理平衡解决了幼儿园课程治理中的核心问题，破解制约幼儿园课程治理平衡的机制障碍，补齐短板，激发活力，充分调动课程主体的积极性，实现机制优化与治理创新。通过育人实践主体的共建共享，在课程资源建设与课程治理改革中，立足课程治理实践，由学校引领者、教师、儿童、家长、专家和社会人员共同参与，以服务儿童发展为幼儿园课程治理的最终目标。依据国家政策法规，建立针对性、整合性和长期性的儿童终身发展的课程标准，充分考虑政策制度的宏观性与幼儿园课程实践行动的微观性。幼儿园课程治理平衡从理论创新性、情境适用性和实践操作性等方面予以突破，优化幼儿园的课程设置，创新课程治理路径与方法，实现课程治理平衡，达成价值共识和共赢，提升幼儿园课程品质。

（上海市嘉定区星华幼儿园　骆云蕾）

后　记

当我接过留有油墨余香的样稿时，心动不已。

前后多家幼儿园的师生，和我一起共同努力，在办园实践中，通过翔实的数据，积累幼儿园课程平衡方法及其运用案例，渐渐地建构起了基于儿童发展的幼儿园课程平衡模型。课程平衡的研究正是关注到儿童的发展规律，旨在为儿童量身打造时间配比合理、内容适宜、实施过程科学的平衡课程，最终实现儿童的多元发展，为儿童的终身发展奠定良好的基础。我们的默默实践，受到了上海市教育科学研究院杨四耕老师的重视。他深入基层，实地考察，帮我们梳理了教育实践中的点点滴滴，整理了各类凌乱的教例，在他理论化、系统化的指导下，我们撰写了《幼儿园课程平衡的九个维度》这本书。编书的过程，又让我们上了一堂生动的理论联系实际的研修课。在此，我们诚挚地感谢杨四耕老师的指导和帮助！

由于每个人的个体差异，势必导致在课程实施过程中会造成对课程研究的偏好，导致课程实施的失衡。因此，本项目通过课程平衡方法的研究，巧妙地实施课程推进过程中不同维度之间的平衡，解决了不同主体的困惑，探索大家在课程实施过程中生成的课程平衡策略与方法，进而优化幼儿园的课程设置，提升幼儿园课程品质。我们从课程价值、课程目标以及课程内容和时间平衡等入手，在不断实践研究中发现更多影响到课程平衡的维度，其中包括空间平衡、主体平衡、评价平衡以及治理平衡等。为了优化设置提升幼儿园课程领导力，扬长补短优化幼儿园课程实施方法，凸显效果满足幼儿园课程推进需求，多元发展促进儿童终身受益，在 2019 年，我提出来把"课程平衡引进到幼儿教育中来，尝试幼儿园课程平衡的实践研究"。2021 年，《基于儿童发展的幼儿园课程平衡方法及其运用研究》被列为全国教育科学"十四五"规划 2021 年度教育部重点课题，这让我的伙伴更是喜出望外，幼儿园的老师都觉得我们在做一件大事，一件值得花更多精力去突破的重要事情。大家废寝忘食，在一次次的推倒重来中重新查阅资料，梳理有效经验。中期汇报时，专家们认为课题研究就幼儿园课程平衡进行了比较深入的探索和实践，有现状调查，有理论思考，有模型建构，有方法提炼，有案例支撑，研究计划落实比较到位，研究内容比较丰富，研究过程比较扎实，课题预期目标可期实现。同时，也遭到一些非议和责疑："你们的平衡不就是整合吗?"为解此惑，我们特意请教了华东师范大学李生兰教授和上海市宝山区教师进修学院周龙兴老师，进一步丰富幼儿园课程平衡典型案例，在实践中检验幼儿园课程平衡模型，在案例中透视幼儿园课程平衡方法。专家的指点，让我们再次振作了精神。此后，我们以小、中、大三个年龄段的不同班级为例，对各班一学期的一日活动情况进行观察，分析课程实施中的亮点和不足，关注个别幼儿，跟进措施，体现家园共育。每一个方法和案例的梳理都是我和我的团队共同努力完成的，本书也是在社会贤达的无私帮助下才成稿的。借今天本书出版之际，我真诚地感谢我的团队，我的伙伴，感谢热心儿童事业的专家、学者鼎力帮助。我和我的团队，将持之以恒，继续以行动研究和案例研究的方式不断梳理与完善课题，再以循环实践，跟随改革的步伐，把幼儿园课程平衡研究做深做优。

　　这本书虽然出版了，但由于我们学识有限，还有很多不足的地方，请领导、专家、学者、同行赐教指正。相信在未来的日子里，我和我的团队伙伴们，在"幼儿园课程平衡"实践的道路上，将不断修正，不断完美，渐臻共识。

上海市嘉定区星华幼儿园　骆云蕾

2024 年 1 月 21 日